Leben gestalten 7

Katholische Religionslehre
Gymnasium

Herausgeber:
Markus Birner, Dr. Claudia Leuser

Erarbeitet von:
Markus Birner
Franz Hertle
Katrin Flexeder-Asen
Thomas Lutz
Markus Schürzinger

Inhaltsverzeichnis

Liebe Schülerinnen und Schüler,

im Religionsunterricht dieser Jahrgangsstufe werdet ihr auf vielfältige Weise neue Horizonte erforschen. Es wird also darum gehen, den Blick zu weiten und sich auf Neues einzulassen: sei es in Bezug auf Veränderungen in eurem eigenen Leben, sei es in geschichtlicher Hinsicht mit der Erkundung des Mittelalters, sei es in der Begegnung mit dem Islam als der ersten der großen Weltreligionen, die euch im Laufe des Religionsunterrichts näher beschäftigen werden. Aber auch die genaue Lektüre des Markus-Evangeliums sowie die Auseinandersetzung mit Symbolen und Sakramenten können ein Weg sein, der Vielfalt unserer Lebenswirklichkeit auf die Spur zu kommen. Die Bilder und Texte, die wir zusammengetragen und mit Arbeitsaufträgen verbunden haben, laden euch ein, diese Wege auf eurer Entdeckungsreise zu neuen Horizonten gemeinsam zu beschreiten.

Die einzelnen Kapitel sind folgendermaßen aufgebaut.

- Am Anfang steht ein Bildimpuls, der euch auf das zentrale Thema des Kapitels einstimmen soll.

- Auf den folgenden Doppelseiten wird dieses Thema Schritt für Schritt genauer entfaltet. Hier gibt es verschiedene Schwerpunkte, die durch die bunten Blasen in der Kopfzeile gekennzeichnet werden.

  - Auf manchen Seiten wird es vor allem darum gehen, erst einmal auf bestimmte Zusammenhänge aufmerksam zu werden und diese bewusst wahrzunehmen. Das setzt genaue Beobachtungen und auch die sorgfältige Beschreibung von Sachverhalten voraus.
  - Auf vielen weiteren Doppelseiten liegt der Schwerpunkt darauf, diese inhaltlichen Zusammenhänge auf der Grundlage der vorliegenden Materialien genauer zu verstehen und zu beurteilen. Konkret bedeutet das, dass ihr die Inhalte anhand der Aufgabenstellung erschließt, verschiedene Positionen miteinander vergleicht und nicht zuletzt auch eine eigene, begründete Meinung dazu entwickelt.
  - Das Buch will euch dazu anregen, euch über das neu erworbene Wissen auszutauschen und dieses in Form von Gestaltungsaufgaben oder auch in eurem alltäglichen Handeln umzusetzen. Die Kompetenzen, die damit verbunden sind, werden in der Kopfleiste mit den Verben kommunizieren, gestalten und teilhaben umschrieben.
  - Am Ende eines jeden Kapitels findet ihr schließlich noch eine Impulsseite, die euch Gelegenheit geben soll, all das, was ihr im Laufe des Kapitels gelernt habt, noch einmal abschließend zu bedenken und anzuwenden. Es wäre schön, wenn ihr dabei auch einen Zusammenhang zu eurer eigenen Lebenswelt herstellen könntet, wie es der Zielsetzung des Lehrplans entspricht.

Schließlich findet ihr in einzelnen Kapiteln auch wieder eigene Methodenseiten. So könnt ihr euch im Laufe der Jahre eine umfassende Methodenkompetenz aneignen, die euch zudem in anderen Fächern eine wertvolle Hilfe sein kann.

Bestimmte Begriffe, die mit Blick auf die späteren Jahrgangsstufen besonders wichtig sind, sind violett gedruckt. Diese Begriffe werden am Ende des Buches, im Glossar, noch einmal kurz erklärt, sodass ihr sie jederzeit nachschlagen könnt.

Nun bleibt uns nur noch, euch ein gutes, erfolgreiches Schuljahr zu wünschen, in der Hoffnung, dass auch die Freude am Lernen dabei nicht zu kurz kommt.

Das Redaktionsteam von „Leben gestalten“

Auf dem Weg zu mir selbst – Herausforderungen im Jugendalter

1

Die Pubertät – eine Herausforderung für Jung und Alt

Wenn junge Menschen zum „Pubertier" werden, so ist das sicherlich für alle Beteiligten eine große Herausforderung, wie auch die folgenden Sprüche belegen:

M1 Aussagen zum Thema Pubertät

Vielleicht habt ihr euch ja in dem einen oder anderen Spruch selbst wiedererkannt. Im Laufe des Kapitels werden euch immer wieder Auszüge aus einem Jugendbuch begleiten, die euch zeigen, dass ihr mit den hier angedeuteten Problemen keineswegs allein seid. Die Auseinandersetzung mit dem Roman kann euch dabei helfen, euren Blick für die Situation zu schärfen, in der ihr euch gerade befindet. Das Kapitel will euch aber zugleich Lösungswege aufzeigen, die es euch ermöglichen, auf eine gute Weise mit den Herausforderungen der Pubertät umzugehen und zu starken, vor allem auch verantwortungsbewussten Persönlichkeiten zu werden.

Auf dem Bild M2 ist ein Ausschnitt aus einer Szene zur Verfilmung des Jugendbuchs „Prinz William, Max Minsky und ich" zu sehen. Der Roman, der in Berlin im Jahr 1997 spielt, handelt von Max und Nelly, zwei sehr unterschiedlichen Jugendlichen. Nelly, die im ersten Kapitel als Nerd vorgestellt wird, und der sportliche Max, den viele anhimmeln, lernen sich über ihre Eltern kennen und können zunächst nichts miteinander anfangen. Hier stehen die zwei gemeinsam auf dem Basketballplatz, eine Entwicklung, die zu Beginn der Geschichte undenkbar erscheint. Im Laufe dieses Kapitels werdet ihr mehr darüber erfahren, wie es dazu kommt.

M2 Szenenbild aus dem Film „Max Minsky und ich"

Nelly Sue Edelmeister ist häufig im Zwiespalt zwischen eigenen Ideen und den Vorstellungen ihres Umfeldes. In der Schule gilt sie lange als Außenseiterin.

Sie beschäftigt sich nämlich am liebsten mit ihrem Teleskop, weil sie Weltraumforscherin werden möchte. Deshalb gibt sie auch im Unterricht ihr Bestes, während sich die meisten ihrer Mitschülerinnen weit mehr für die Jungen der Klasse oder die neuesten Schminktipps interessieren. Nur ihre neu aufgekommene Schwärmerei für den britischen Prinzen William, der zu dieser Zeit noch unverheiratet ist, lenkt sie ab und zu von ihrer Leidenschaft für den Weltraum ab. Ihre Mutter Lucy Bloom-Edelmeister wiederum findet Nellys berufliche Vorstellungen viel zu wenig mädchenhaft und die Schwärmerei für Prinz William äußerst weltfremd. Darüber hinaus besteht sie darauf, dass ihre Tochter sich mehr für religiöse Fragen interessiert. Nelly wächst in einer jüdischen Familie auf und soll demnächst ihre **Bat-Mizwa** feiern, ein Fest, das jüdische Mädchen zu vollwertigen Mitgliedern der jüdischen Gemeinde macht. Sie übernehmen von da an alle religiösen Rechte und Pflichten. So wie sie auf diese Weise zur „Tochter des Gesetzes" werden, werden die Jungen zum **Bar-Mizwa**, also zum „Sohn des Gesetzes". Dazu ist es vorgesehen, regelmäßig zum Thora-Unterricht zu gehen, denn am Tag der Bat-Mizwa bzw. der Bar-Mizwa trägt jedes Kind auf Hebräisch einen Text aus der Thora vor. Nelly findet diese Stunden am Nachmittag langweilig und überflüssig und zeigt grundsätzlich kaum Interesse an der bevorstehenden Feier. Stattdessen entwickelt sie zur Überraschung aller ein ganz neues Ziel: Sie will Basketballspielen lernen, und zwar so gut, dass sie mit dem Schulteam zu einem Turnier nach England reisen darf. Den Grund dafür verschweigt sie. Nelly wittert nämlich die große Chance, dort Prinz William zu treffen, und nimmt dafür in Kauf, mit Max, dem Sohn einer Freundin ihres Vaters, einen Handel einzugehen. Sie erklärt sich bereit, Max Nachhilfe in Deutsch zu geben, und anstatt sich dafür bezahlen zu lassen, trainiert er mit ihr als Gegenleistung Basketball. Längere Zeit gelingt es ihnen, dieses Training vor den anderen zu verheimlichen. Eines Tages fällt jedoch auf, dass Nelly dafür den Hebräisch-Unterricht vernachlässigt, und sie bekommt dadurch großen Ärger. Als sich dann noch herausstellt, dass die Ehe ihrer Eltern wegen eines Verhältnisses zwischen Nellys Vater Bernhard Nikolaus Edelmeister und der Mutter von Max zu scheitern droht, fühlen Nelly und Max sich völlig hilflos und überfordert.

Bei all diesen Problemen gibt es jedoch eine Person, die beiden beisteht: Risa, eine Art Ersatzmutter von Nellys Mutter. Sie ist für Nelly wie eine Großmutter und wird im Lauf der Geschichte auch zu einer wichtigen Bezugsperson für Max.

Der Roman von Holly-Jane Rahlens wurde in Deutschland unter dem Titel „Max Minsky und ich" verfilmt. Max, dem im Buch ein wildes Aussehen bescheinigt wird, wodurch er auf andere ziemlich einschüchternd wirkt, erscheint im Film nicht ganz so extrem. Dies lässt sich gut an den Bildern erkennen, die die Textauszüge aus dem Jugendbuch auf den folgenden Seiten illustrieren. Im Roman trägt Max ausschließlich schwarze Kleidung, ist oft auffällig geschminkt und wirkt ziemlich unnahbar und furchteinflößend. Er ist also von seinem Typ her das genaue Gegenteil von Nelly. Nellys Figur in der Verfilmung kommt ihrer Beschreibung im Roman sehr nahe (vgl. M2).

Aufgaben

1 Tauscht euch in Kleingruppen darüber aus, wie ihr eure derzeitige Situation des Heranwachsens erlebt und mit welchen Veränderungen ihr dabei konfrontiert seid. Überlegt, welche Bedeutung in diesem Zusammenhang dem Titelbild dieses Kapitels auf der vorangehenden Seite zukommen könnte.

2 Diskutiert, welche Vorstellungen von der Pubertät mit den Aussagen in M1 verbunden sind, und nehmt dazu kritisch Stellung. Formuliert auf dieser Grundlage euer eigenes, ganz persönliches Statement zur Pubertät.

3 Lest die Inhaltsangabe zu dem Jugendbuch, das euch in diesem Kapitel begleiten wird, und stellt erste Überlegungen darüber an, welche Erfahrungen euch mit Max und Nelly verbinden und worin sich deren Erfahrungen möglicherweise von euren unterscheiden.

Veränderungen, die mit der Pubertät einhergehen …

Dem griechischen Philosophen Sokrates (469 bis 399 v. Chr.) wird der folgende Ausspruch zugeschrieben.

„Die Kinder von heute sind Tyrannen. Sie widersprechen ihren Eltern, kleckern mit dem Essen und ärgern ihre Lehrer. Die Jugend von heute liebt den Luxus, hat schlechte Manieren und verachtet die Autorität. Die Kinder widersprechen ihren Eltern, legen die Beine übereinander und tyrannisieren ihre Lehrer."

M1 Sokrates, 469–399 v. Chr.

Offenbar kam es also auch früher schon in der Phase der Pubertät zu Konflikten zwischen den Heranwachsenden und der Generation ihrer Eltern und Lehrer. Heute spricht man von notwendigen Reifungsprozessen, die neben körperlichen Veränderungen auch das Gefühlsleben und die geistige Entwicklung der jungen Menschen stark beeinflussen.

Genaueres dazu könnt ihr in dem folgenden Artikel aus einem Jugendlexikon erfahren.

Mit **Pubertät** (von lat. *pubertas* „Geschlechtsreife" und *pubescere* = „heranreifen, heranwachsen") wird seit etwa dem 16. Jahrhundert der Zeitraum bezeichnet, in dem ein Kind zum Erwachsenen wird. Im Vordergrund steht dabei die Geschlechtsreife von Jugendlichen. Sie werden fortpflanzungsfähig, das heißt, ihr Körper entwickelt sich so, dass er dem eines Erwachsenen entspricht. Früher sprach man oftmals einfach nur von der Zeit der Jugend im Gegensatz zum Alter. Was diesen Entwicklungsprozess steuert und vorantreibt, das blieb lange ungeklärt. Heute weiß man, dass der Beginn der Pubertät einsetzt, wenn von der Hirnanhangsdrüse ein Signal ausgeht, das den Körper dazu veranlasst, die Geschlechtshormone zu produzieren. Bei den Jungen handelt es sich dabei um Testosteron, bei den Mädchen um Östrogen. Wann dieser Prozess einsetzt und wie er im Einzelnen abläuft, ist zum Teil genetisch bedingt. Ob man bereits mit zehn Jahren oder erst später in die Pubertät kommt und wann sie endet, ist also vollkommen unterschiedlich. Bei Mädchen tritt die Phase etwas früher ein und beginnt etwa mit 10 Jahren, bei Jungen beginnt sie ca. zwei Jahre später. Das führt dazu, dass Mädchen im Durchschnitt spätestens ab dem 18. Lebensjahr die Entwicklung zur Frau durchlaufen haben, bei Jungen kann es bis zum 21. Lebensjahr dauern, bis der Prozess ans Ende gelangt ist.
Diese massiven körperlichen Veränderungen können zeitweise sehr belastend sein, was sich auch im seelischen Bereich widerspiegelt. Viele Jugendliche fühlen sich sehr unsicher, es kann deshalb auch zu starken Gefühlsschwankungen kommen. Das Streben nach größerer Selbstständigkeit führt unter Umständen verstärkt zu Konflikten in Elternhaus und Schule.
Parallel dazu gibt es in der Zeit der Pubertät auch mentale bzw. geistige Reifungsprozesse. So nimmt das Abstraktions- und Urteilsvermögen deutlich zu und es fällt den Heranwachsenden zunehmend leichter, komplexere Zusammenhänge zu erfassen und Sachverhalte differenziert zu bewerten.

M2 Auszug aus einem Jugendlexikon

Die hier wiedergegebene Wortwolke greift wichtige Schlüsselbegriffe auf, die in Zusammenhang mit der Pubertät eine Rolle spielen, und kann euch zu eigenen Wortwolken inspirieren.

M3 Wortwolke „Pubertät"

Aufgaben

1 Überlegt, wie Sokrates die „Kinder von heute" – also euch – charakterisieren würde, und entwerft entsprechende Aussagen, die ihr dann charakterisiert (vgl. M1) und vergleicht.

2 Fasst die Kerngedanken des Lexikonartikels M2 in Form einer Mindmap zusammen. Unterscheidet dabei zwischen körperlichen, psychischen (seelischen) und mentalen (geistigen) Veränderungen. Ergänzt die Aussagen des Artikels, indem ihr eigene Erfahrungen einbezieht, und greift dabei auch auf eure Beobachtungen aus der Vorstunde zurück.

3 Gestaltet eine Wortwolke nach dem Vorbild von M3 , in der zum Ausdruck kommt, wie ihr die Zeit der Pubertät erlebt und welche Schlüsselbegriffe dabei für euch eine zentrale Rolle spielen. Diese sollten durch Schriftfarbe und -größe hervorgehoben werden.

4 Vielleicht habt ihr ja Lust, einmal zuhause eure Eltern zu befragen, wie sie selbst diese Zeit erlebt haben und welche Befürchtungen sie mit eurem Eintritt in die Pubertät verbinden.

Typisch Mädchen? Typisch Jungen?

In der Phase der Pubertät spielt auch die eigene Sexualität eine große Rolle. Nicht zuletzt der Blick auf die Werbung zeigt uns, wie viele Klischeevorstellungen dabei ins Spiel kommen. Wissen wir denn wirklich so genau, was typisch ist für Mädchen und was für Jungen? Deshalb zählt es zu den großen Aufgaben der Pubertät, sich seiner Besonderheit bewusst zu werden, nicht nur in sexueller Hinsicht, und sich so zu akzeptieren, wie man ist.
Am Beispiel Nellys könnt ihr nachvollziehen, dass das gar nicht so einfach ist.

› „Bubele, du hast so wunderschöne, volle dunkle Locken", schloss Risa sich Frau Lewi an. „Wunderschöne Locken?", sagte ich. „Ich möchte lieber glattes Haar. Glattes, glänzendes blondes Haar. Ich möchte gern Haar, das wie ein Weizenfeld hin und her wogt, wenn ich den Kopf bewege. Haar, das schimmert wie ein Spiegel." Tatsächlich muss ich geklungen haben, als hätte ich mir gründlich Gedanken über die Angelegenheit gemacht. Aber offen gesagt war ich von meinem Ausbruch selbst überrascht. Vermutlich hatten Yvonne Cohens Haare mich nachhaltiger beeindruckt, als ich mir selbst eingestehen wollte. Einen Moment lang fragte ich mich, ob ich mir nun auch bald, wie sie, eine [Markenhandtasche] über die Schulter werfen würde. „Eines Tages wirst du froh sein, so eine wunderschöne Lockenpracht zu haben", sagte Risa. „Du musst sie nicht immer in einem Zopf verstecken." ‹

M1 H.-J. Rahlens: Prinz William, Maximilian Minsky und ich, S. 40

Eltern haben mitunter im Stress des Alltags wenig Verständnis für die Selbstzweifel ihrer Kinder. Im Textausschnitt ist es Risa, die sich sicher ist, dass Nelly irgenwann noch froh sein wird, keine glatten Haare zu haben. Nellys Mutter hat da ganz andere Sorgen. Sie kann die Unordnung im Zimmer ihrer Tochter nur schwer ertragen. Insgeheim kann Nelly das sogar nachvollziehen.

› Mein Vater sah sich in meinem Zimmer nach irgendeiner Sitzgelegenheit um, aber auf den Stühlen türmten sich schmutzige Klamotten, Schulhefte, Schulbücher, Referate, Kassetten, CDs, einfach alles. Der Boden wirkte auch nicht gerade einladend. Eine Staubschicht überzog die Dielen, der Teppich war voller Flusen und übersät mit schmuddeligen Socken, zerfledderten Büchern und diversem Kleinkram. Meine Mutter hatte einfach Recht. Ich musste mal aufräumen. ‹

M2 H.-J. Rahlens: Prinz William, Maximilian Minsky und ich, S. 48

M3 Szenenfoto aus dem Film: „Max Minsky und ich": In „Max Minsky und ich", dem Film zum Buch, hat Nelly keine Locken, sondern glattes Haar. Wie in der literarischen Vorlage steht aber auch sie häufig vor dem Spiegel und schwankt – je nach Laune – zwischen Zufriedenheit und Selbstzweifel.

Auch am Beispiel von Max können wir erkennen, dass wir es uns bei unserem Urteil über andere nicht zu einfach machen dürfen. Ist er denn so etwas wie ein typischer Junge? In den folgenden Textausschnitten bekommen wir von Max einen eher vielschichtigen Eindruck.

› „Ich glaube, er könnte blond sein", sagte ich zu Pia, der ich mein *enfant terrible* [= „Familienschreck"] beschrieb, „aber das ist schwer zu sagen, weil er sich dieses farbige Zeug ins Haar schmiert. Erst war es pechschwarz und gestern dann blau." „Und sonst?" „Was und sonst?" „Na, wie ist seine Figur!" „Seine Figur?" Ich versuchte, mir Max vorzustellen. „Also, er ist ein bisschen kleiner als mein

Vater, aber nicht viel. Und seine Hosen – die sind aus Leder – sind so eng, dass seine Hemdzipfel nicht wie bei meinem Vater rausrutschen." Pia und ich saßen beim Mittagessen in der Schulkantine. Pia trank einen Schluck Kakao und bedeutete mir mit einer Geste, fortzufahren. „Und er ist ziemlich schlank", sagte ich. „Schlanker als Anton Weißenberger, zum Beispiel, und nicht annähernd so muskulös. Aber gut gebaut. Also, nur aus Haut und Knochen besteht er nicht." Vor meinem geistigen Auge tauchte Max' Unterarm auf. Er trug ein schwarzes Hemd mit bis unter die Ellenbogen hochgekrempelten Ärmeln. Auf seinen Unterarmen konnte ich dunkelblonde Härchen ausmachen. Und als er sich im Sessel zurücklehnte und reckte, waren Muskeln zu erkennen. „Und?", hakte Pia nach. „Und was?" „Und was weiter?" „Er ist ein Vieh", sagte ich. „Ein Monster. Unhöflich. Ungehobelt. Ein Rüpel." „Hört sich an, als könntest du ihn gut leiden." Ich verdrehte die Augen. „Ich glaube, du bist an einen Grufti geraten", sagte Pia. „Einen Grufti? Ist das eine eigene Spezies?" „Die stehen auf alles, was düster und dramatisch ist. Und hängen gern auf Friedhöfen rum. Sie tragen immer Schwarz und malen sich die Gesichter weiß an. Sieh dich lieber vor. Trägt er Rüschenhemden?" „Mich vorsehen? Vor dem Ekelpaket hab ich keine Angst. Ist doch sowieso alles nur Schau. Seine Mutter meint, das sei alles nur, um sie zu provozieren." [...] „*Provozieren*?" „Ärgern – er will sie ärgern." ❮

M4 H.-J. Rahlens: Prinz William, Maximilian Minsky und ich, S. 104

Nach den ersten Begegnungen gewinnt Nelly im Lauf der Zeit ein ganz neues Bild von Max.

❯ Ich war so überrascht, dass ich nach Luft schnappte. Risa lachte. „Wer hätte das gedacht?", sagte sie. „Unter all der Tünche steckte ein Junge. Na, Nelly?" Die weiße Schminke war verschwunden. Die Schmiere und das schwarze Spinnennetz ebenfalls. Übrig geblieben war nur ein Gesicht. Es war zerschlagen und verschwollen, zerkratzt und verwundet, aber immerhin ein Gesicht. Max' Gesicht. Zwei Augen, eine Nase, ein Mund. Zwei Ohren. Und Haar. Blondes Haar. Dichtes, welliges, frisch gewaschenes Haar. Und blaue Augen. Sehr blaue Augen. ❮

M5 H.-J. Rahlens: Prinz William, Maximilian Minsky und ich, S. 126/127

❯ Wieder stand ich vor Max' Zimmer mit dem ‚Zutritt verboten!'-Schild, [...] der verbotenen Gruft. [...] Was erwartete ich eigentlich? Einen Altar zu Ehren des Teufels? Einen Schrein für Frankensteins Monster? Eine Art Höhle mit schwarz getünchten Wänden? Tatsächlich fand ich ein ganz normales Jungenzimmer vor, vollgestopft mit allem, was zu einer amerikanischen Jugend so gehört: Sport- und College-Wimpel, Modellautos, ein Baseball-Handschuh mit Autogramm, Schlittschuhe, die von der Klinke baumelten, ein [...]-Kalender und ein Poster der *Titanic*, wie sie ein bedrohliches Meer durchpflügt. Ich stolperte über ein Buch, das am Boden lag [...]. ❮

M6 H.-J. Rahlens: Prinz William, Maximilian Minsky und ich, S. 120

Aufgaben

1 Untersucht anhand von Beispielen aus der Werbung, welche Klischeevorstellungen hier in Bezug auf die Geschlechterrollen zu finden sind. Nehmt dazu Stellung.

2 Diskutiert in Kleingruppen, die jeweils nur aus Jungen bzw. aus Mädchen bestehen, was eurer Ansicht nach für das jeweils andere Geschlecht typisch ist. Vergleicht dann eure Ergebnisse im Plenum und setzt euch kritisch mit euren eigenen Vorstellungen auseinander.

3 Ihr habt nun schon einiges über Nelly und Max erfahren. Arbeitet aus den bisher vorliegenden Textauszügen **M1** bis **M6** heraus, wodurch deren Persönlichkeit jeweils charakterisiert ist. Was für einen Rat würdet ihr ihnen als bester Freund oder als beste Freundin mit auf den Weg geben, damit sie besser mit sich selbst und mit anderen zurechtkommen?

4 Nehmt Stellung zur Frage, ob Nelly und Max hier als typisches Mädchen bzw. als typischer Junge erscheinen. Nehmt dazu auch aktuelle Umfrageergebnisse zum Beispiel über Mediennutzung und Freizeitverhalten von Jungen und Mädchen zu Hilfe, die ihr im Internet findet.

Eigene Stärken, eigene Schwächen

Die Pubertät ist eine Zeit des Übergangs. Das bringt viele Unsicherheiten mit sich. Jungen und Mädchen müssen lernen, mit einem ganz veränderten Aussehen zurechtzukommen. Sie sehen sich selbst oft sehr kritisch und reagieren umso empfindlicher auf Kritik von anderen. Auch müssen sie lernen, ihre Rolle in der Familie, in der Schule und im Freundeskreis neu zu definieren. Deshalb ist es wichtig, dass man lernt, eigene Schwächen anzunehmen und sich der eigenen Stärken bewusst zu werden. Auch Nelly und Max sehen sich mit diesen nicht ganz einfachen Aufgaben konfontiert.

› Mir ging ständig durch den Kopf, wie ich in der Schule immer eine Sonderrolle einnahm. An dem Morgen war ich zum Beispiel in Mathe die Einzige gewesen, die die Algebra-Zusatzaufgabe lösen konnte. Aber mit so was macht man sich bei den anderen nicht unbedingt beliebt! Im Sport dagegen war ich eine echte Niete. Fast konnte ich verstehen, warum mich nie jemand in seiner Mannschaft haben wollte. Unsere Schule war für ihre Sportmannschaften berühmt, aber *ich* als Mitspielerin? Manchmal glaubte ich, als Tollpatsch auf die Welt gekommen zu sein. Mein Vater fand das lächerlich, meinte, dass ich körperlich einfach eine Spätzünderin sei. Meine Mutter sagte: „Spätzünder? Faul ist sie. *Und* sie hat zwei linke Füße." Ich selbst wusste nicht, wer Recht hatte. ‹

M1 H.-J. Rahlens: Prinz William, Maximilian Minsky und ich, S. 28/29

M2 Szenenfoto aus dem Film „Max Minsky und ich": Nelly denkt viel über sich und die Personen aus ihrem Umfeld nach. Dabei gelingt es ihr, andere um ihre Stärken nicht zu beneiden, sondern diese Talente anzuerkennen. Sogar bei Max beschäftigt sie sich nicht lange mit dessen Schwächen, sondern kann seine besonderen Fähigkeiten bald sehen und bewundern. Mit sich selbst ist sie nicht so großzügig.

Zu Max' Stärken zählt ohne Zweifel das Basketballspielen. Nelly beobachtet ihn dabei:

› Auf einmal hörte ich von draußen ein vertrautes Geräusch hereindringen: das Prellen eines Basketballs. Maximilian lief da draußen herum, aber mehr war durch die spiegelnde Glasscheibe nicht zu erkennen. Ich trat ans Fenster und hielt das Gesicht direkt an die Scheibe. Sie war kalt. [...] „Er war der zweite Kapitän in seiner Junior-High-School-Mannschaft", sagte sie (Melissa Minsky, Max' Mutter) wehmütig. „Er spielt wunderbar." Und dann sah ich ihn. Wie eine große Fledermaus sah

Aufgaben

1 Arbeitet aus **M1** bis **M3** heraus, warum Nelly mit sich unzufrieden ist und wofür sie Max bewundert.

2 Versetzt euch in Nellys Situation und überlegt, warum es ihr so schwerfällt, die eigenen Stärken zu erkennen.

er aus. Sein Umhang flatterte im Wind, und wie er da lief, dribbelte und einen unsichtbaren Gegner umspielte, schien er wirklich zu fliegen. Er flitzte durch den Hof, stoppte abrupt, sprang und warf. Der Ball flog durch den Korb an der Wand, prallte vom Boden ab und landete wieder in Max' Händen. Er führte einen weiteren Sprungwurf aus. Und traf. Und dann noch einmal. Und noch einmal. ‹

M3 H.-J. Rahlens: Prinz William, Maximilian Minsky und ich, S. 99/100

Hey hey, mei mei
Selbstkritik will never die
Doch du gehst schon ganz gebückt
Von vielen Zweifeln fast erdrückt
Dabei bist du im wahrsten Sinn
Für viele Fels und Rettungsring

Also raus aus dem Schatten, rein ins Licht
Sich ein bisschen feiern, schadet nicht

Du bist du und ich bin ich
Jeder hier hat sein Gesicht
Sing doch mal gelegentlich
Eine Hymne auf dich

Hurra, hurra, wer bin ich?
Fragezeichen über deinem Kopf
Sogar auf der Suche nach dir selbst
Beflügelst du den ganzen Mob
Du stellst dich schüchtern hinten an
Und schiebst von dort so vieles an

Also raus aus dem Schatten, rein ins Licht
Sich ein bisschen feiern, schadet nicht

Du bist du und ich bin ich
Jeder hier hat sein Gesicht
Sing doch mal gelegentlich
Eine Hymne auf dich

Du bist du und ich bin ich
Jeder hier hat sein Gesicht
Sing doch mal gelegentlich
Eine Hymne auf dich

Du bist du und ich bin ich
Jeder hier hat sein Gesicht
Sing doch mal gelegentlich
Eine Hymne auf dich

Du bist du und ich bin ich
Jeder hier hat sein Gesicht
Sing doch mal gelegentlich
Eine Hymne auf dich

Sing doch mal gelegentlich
Eine Hymne auf dich

Sing doch mal gelegentlich
Eine Hymne auf dich

M4 Sportfreunde Stiller: Hymne auf dich

3 Umschreibt die Kernaussage aus M4 mit eigenen Worten und verfasst anschließend nach diesem **Vorbild** eine kleine Hymne auf euch selbst.

4 In Psalm 8 findet ihr ebenfalls eine Hymne auf den Menschen, also auch auf euch. Schlagt diesen Psalm in einer Bibelausgabe nach und arbeitet heraus, auf welche Weise hier die besondere Würde eines jeden Menschen begründet wird. Diskutiert, inwiefern das auch eine Hilfe sein kann, die eigenen Schwächen und Stärken anzunehmen.

5 Stärkt euch zum Abschluss der Stunde gegenseitig. Lasst euch ein DIN-A4-Blatt auf den Rücken kleben und nehmt einen Stift zur Hand. Schreibt auf das Blatt eurer Mitschülerinnen und Mitschüler, worin ihr deren Stärken seht. Am Ende werden die Blätter abgenommen und gelesen.

Konflikte in der Lebenswelt der Jugendlichen …

… mit anderen Jugendlichen

Im Folgenden werden wir sehen, wie die Veränderungen, die mit der Pubertät einhergehen, sich im Leben der 13-jährigen Nelly widerspiegeln, über die ihr ja schon einiges erfahren habt.

Da Nelly Prinz William, den künftigen König von England, unbedingt auch einmal persönlich treffen möchte, muss sie jedoch unbedingt in die Schulbasketball-Mannschaft aufgenommen werden. Diese wird nämlich an einem Turnier in England teilnehmen – in Nellys Augen ihre einzige Chance, um ihrem Traumprinzen einmal persönlich zu begegnen. Das ist allerdings gar nicht so einfach. Denn da Nelly sich bisher in erster Linie für Bücher, Teleskope und Mathematik interessiert hat, ist sie in Sport nicht besonders gut. Deshalb gibt es für sie nur eine Lösung: Sie muss Nachhilfe in Basketball nehmen.

› An Max' Zimmertür hing ein Schild mit der Aufschrift „Zutritt verboten!". Ich klopfte trotzdem. Keine Antwort. Ich klopfte nochmal. „Maximilian?" Ich legte mein Ohr an die Tür und hörte Musik. Nach *Sesamstraße* hörte sich das gar nicht an. Ich öffnete die Tür und schloss sie hinter mir. Innen war es stockfinster, aber an der rechten Wand befand sich eine Tür in ein weiteres Zimmer, aus dem ein schwacher Lichtstreifen schimmerte. [...] Auch dieses Zimmer war ziemlich duster, abgesehen von einem dünnen Lichtstrahl, der auf ein Bett gerichten war, auf dem ich ein Gespenst erblickte, nein, einen siechen, leichenblassen Schwindsüchtigen, nein, einen gesunden Vampir. Ausgestreckt lag er dort und las ein großes, in schwarzes Leinen gebundenes Buch mit Goldlettern. [...] Er – oder es – war von Kopf bis Fuß in Schwarz gehüllt. Sein Gesicht war weiß, im wahrsten Sinne des Wortes kreideweiß. Eine Art schwarzes Spinnennetz zierte die Wangen. Dunkles, angetrocknetes Gel betonte Haaransatz und Augenbrauen. Auch das Haar war steif von Gel und stand in schwarzen Stacheln ab. Die Schuhe waren abgetreten, schwarz und spitz. Als er den Mund öffnete, war ich froh, dass keine Fangzähne zum Vorschein kamen. „Wer zum Teufel bist du denn?", fragte er in einem Englisch mit unverkennbar amerikanischem Akzent. Ich bin selten sprachlos – jetzt war ich's. „Und was zum Teufel suchst du hier?", fuhr er fort und setzte sich auf. Das Buch fiel zu Boden. Die goldene Aufschrift schimmerte. Er achtete nicht darauf, sondern zeigte zur Tür. „Kannst du nicht lesen? Da steht ‚Zutritt verboten!'" „Ich suche Max." „Max? Weshalb?" [...] Das *bête noire* erhob sich. Er war wirklich fast so groß wie mein Vater. Er kam einen Schritt auf mich zu. [...] Und dann – endlich – begriff ich. „O mein Gott!", sagte ich. „Bist *du* Maximilian?" „Hier darf keiner rein. Nie. Verschwinde. Sofort!" ‹

M1 H.-J. Rahlens: Prinz William, Maximilian Minsky und ich, S. 93–95

Aufgaben

1 Arbeitet aus dem Textauszug **M1** heraus, welchen Eindruck Max auf den ersten Blick auf Nelly macht und welche Konflikte daraus resultieren könnten.

2 Max erscheint ihr als *bête noire*, also als eine Art schwarzes (Un-)Tier. Diskutiert verschiedene Möglichkeiten, wie Nelly darauf reagieren könnte.

. . . mit den Eltern

Wie ihr gesehen habt, wirkt Max auf den ersten Blick alles andere als umgänglich. Dennoch geht Nelly mit ihm einen Handel ein. Da Max mit seiner Mutter lange in den USA gelebt hat, hat er Probleme mit der deutschen Sprache. Und obwohl Nelly eigentlich dringend Geld für ein teures Teleskop bräuchte, da ihre Mutter von ihr eine finanzielle Eigenleistung für dessen Anschaffung verlangt, bietet sie Max kostenlose Nachhilfestunden an. Zum Ausgleich soll er ihr jedoch dabei helfen, zu einer erstklassigen Basketballspielerin zu werden.
Leider hat Nellys Mutter für ihren Traum, Prinz William zu begegnen, überhaupt kein Verständnis. Außerdem kostet das intensive Basketball-Training viel Zeit. Wie ihr bereits gehört habt, möchte ihre Mutter, dass sie sich stattdessen auf ihre bevorstehende **Bat-Mizwa**-Feier vorbereitet. Aber dafür hat Nelly gerade überhaupt nicht den Kopf frei. Der Konflikt mit der Mutter ist damit vorprogrammiert.

› „Ein *Basketballhandbuch*?“, sagte sie. „Warum in Gottes Namen hast du in einem Basketballhandbuch gelesen?“ „Einfach so.“ „Einfach so?“ Meine Mutter besitzt nicht nur einen eingebauten Lügendetektor, sondern auch einen Röntgenblick. Der liegt in der Familie, sie sagt, auch ich hätte einen, ich müsste nur dran glauben. Und dann könnte ich in alles hineinsehen. In Herzen, in Köpfe, sogar in Einkaufstüten. „Weswegen, Nelly?“, fragte meine Mutter und bohrte mir ihre Röntgenaugen bis in die Seele. „Weswegen hast du in einem Basketballhandbuch gelesen?“ „Weil ich Basketballspielen lernen will. Um in die Basketballmannschaft von unserer Schule aufgenommen zu werden.“ Noch nie im Leben hatte ich meine Mutter so überrascht gesehen. Sie merkte es nicht, aber der Lappen mit dem Eiglibber fiel ihr aus der Hand auf den Schoß, und der Glibber verteilte sich langsam über den Rock. Nach dem ersten Schock gelang ihr die Frage: „Warum Basketball?“ „Die Basketballmannschaft spielt dieses Jahr in England. In Eton.“ Sie begriff auf der Stelle und sie war kein bisschen erfreut. „Darauf bist du aus?“, sagte sie. „Du willst deine Bat-Mizwa einfach so sausen lassen, weil du in einen Prinzen verknallt bist?“ „Ich weiß nur, dass ich keine Heuchlerin sein will. Dafür bist doch *du* zuständig. Du bist nicht gläubig, warum also sollte ich es sein? Du gehst doch nur in die Synagoge, um mit dem Rabbi oder dem Kantor oder Herrn Lerner zu quatschen. Oder mit wem weiß ich, der dir nützlich sein könnte.“ Meine Mutter war entsetzt. „Bist du dir im Klaren darüber, was du da sagst?“ „Ist mir egal. Es bedeutet mir einfach nichts, Jüdin zu sein.“ „Aber Basketball?“, sagte sie und fixierte mich erneut mit ihrem Röntgenblick. „Basketball bedeutet dir was?“ Ich bot all meinen Trotz auf, starrte sie bloß an. Genau in dem Moment bemerkte sie den Lappen von Eiglibber auf ihrem Schoß. Und dann war der Teufel los. ‹

M2 H.-J. Rahlens: Prinz William, Maximilian Minsky und ich, S. 85/86

3 Fasst zusammen, worum es in dem Konflikt in **M2** zwischen Mutter und Tochter geht. Geht dabei besonders darauf ein, welche Bedeutung in diesem Zusammenhang der Frage nach der Teilnahme an der Bat-Mizwa-Feier zukommt.

4 Tauscht euch in Kleingruppen darüber aus, ob es bei euch schon vergleichbare Streitgespräche gegeben hat, zum Beispiel in Zusammenhang mit der Frage nach der Teilnahme am **Sakrament** der **Firmung**.

5 Entwerft einen Dialog zwischen Nelly und ihrer Mutter, in dem diese zu einer positiven Lösung finden, der den Interessen beider gerecht wird.

Die Entstehung von Konflikten

Wie auf der vorangegangenen Doppelseite unschwer zu erkennen war, ist Nellys Leben nicht frei von Konflikten. Zu oft prallen ihre eigenen Wünsche und Vorstellungen mit denen ihrer Eltern aufeinander. Aber auch die Beziehung zu Max ist von Spannungen begleitet, nach denen zunächst meist Funkstille zwischen den beiden herrscht. Nelly sieht den darauf folgenden Begegnungen oftmals sehr skeptisch entgegen. Weil sie aber unbedingt weiterhin Basketball trainieren will, hält sie – wenn auch manchmal eher missmutig – an den Treffen mit Max fest und lernt mit der Zeit eine ganz andere Seite von ihm kennen. Beide gewöhnen sich an die Persönlichkeit des jeweils anderen und kommen immer öfter miteinander ins Gespräch (vgl. M1).

M1 Szenenfoto aus dem Film: „Max Minsky und ich“: Vor dieser Filmszene hat Max erfahren, dass Nelly eigentlich gar nicht am Basketball interessiert ist, sondern nur an einer Begegnung mit Prinz William. Er fühlt sich deshalb von ihr hintergangen und ausgenutzt und bricht den Kontakt mit ihr ab. Nach einem Streit mit seinen Eltern flieht Max in ein geheimes Versteck und seine Eltern lassen ihn von der Polizei suchen. Nelly kennt sein Versteck, sucht ihn dort auf und klärt ihren Konflikt mit ihm. So nähern sie sich einander wieder vorsichtig an.

Als Nelly eines Tages auf dem Nachhauseweg von ein paar Jugendlichen in Bedrängnis gebracht wird, ist Max scheinbar zufällig da und rettet sie aus der unangenehmen Situation. Nelly ist darüber sehr verwundert, denn am Tag zuvor hatte sie einen Streit mit Max und dachte deshalb, dass er noch wütend auf sie sein müsse. Die Rettungsaktion endet für Max mit einem blauen Auge und einigen anderen Blessuren. Nelly bringt ihn daraufhin zu sich nach Hause, wo er von Risa verarztet wird. Im Anschluss kommt es zu folgendem Gespräch zwischen den beiden:

› „Du bist mir nachgegangen“, war das Erste, was ich zu Max sagte, nachdem Risa uns allein gelassen hatte. „Wieso hast du das getan?“ Er zuckte mit den Schultern. „Keine Ahnung.“ Nach kurzer Überlegung wusste er es aber doch. „Ich wollte mich entschuldigen“, sagte er. „Ich kam mir so mies vor.“ „Wegen dem, was du über meinen Vater gesagt hast.“ „Ja. Und wegen meinem Wutanfall.“ „Und wegen dem, was du über mich gesagt hast.“ „Nein.“ „Wie, nein?“ „Nein, deswegen kam ich mir nicht mies vor. Was ich über dich gesagt habe, ist einfach die Wahrheit.“ Ich wurde rot. „Du bist ja ein echter Gentleman.“ ‹

M2 H.-J. Rahlens: Prinz William, Maximilian Minsky und ich, S. 127

Aufgaben

1 Beschreibt anhand von M1 und M2, wie Max sich Nelly gegenüber verhält und wie er selbst sein Verhalten erklärt. Vielleicht kennt ihr vergleichbare Konflikte aus eurem Erfahrungsbereich. Überlegt, wie man in derartigen Situationen zu einer Lösung gelangen könnte.

2 Oft spricht man bei Konflikten von der „Spitze des Eisbergs“. Erläutert diese Redewendung auf der Grundlage von M3 und wendet das vorliegende Modell soweit möglich auf den Konflikt zwischen Max und Nelly an. Fertigt eine entsprechende Skizze in eurem Heft an.

Das Eisberg-Modell

M3 Das **Eisberg-Modell** nach Christoph Besemer

Einige wichtige Gesprächsregeln:

- Einander zuhören und sich gegenseitig ausreden lassen!
- Sich höflich begegnen und um einen freundlichen Ton bemühen!
- Sich nicht gegenseitig beleidigen und beschimpfen!
- Sachlich bleiben!
- Meinungen anderer achten!
- Gefühle anderer wahrnehmen!
- Ich-Botschaften senden statt vorwurfsvolle Sätze zu formulieren, die zum Beispiel mit „Du hast …" oder „Du bist …" anfangen!

3 Mithilfe des Eisberg-Modells kann man sich in den anderen hineinversetzen und erkennen, worin der Konflikt letztlich begründet ist. Auf diese Weise kann man im Gespräch viel besser auf dessen Sorgen, Ängste und Befürchtungen eingehen, was eine wichtige Voraussetzung für eine erfolgreiche Konfliktbewältigung ist. Setzt das Gespräch von Nelly und Max (vgl. M2) in diesem Sinne fort und berücksichtigt dabei auch die Gesprächsregeln.

4 Wendet das Modell und die vorliegenden Gesprächsstrategien in Form eines Rollenspiels auf den Konflikt zwischen Nelly und ihrer Mutter (vgl. S. 15) an.

Konflikte lösen lernen

Fallbeispiel aus dem Roman:

Bevor Prinz William und Basketball in ihr Leben traten, interessierte sich Nelly hauptsächlich für Astronomie, und noch immer träumt sie von einem eigenen Teleskop – allerdings von einem ziemlich teuren Modell. Das Problem ist, dass es finanziell für die Familie nicht möglich ist, das Teleskop einfach so zu kaufen – es gibt aus diesem Grund immer wieder Auseinandersetzungen.

› „Papa, ich hab das absolut perfekte Teleskop gefunden", sagte ich […]. „Wie teuer?", fragte meine Mutter. Typisch meine Mutter: Bum! Peng! Wie viel? Immer an den Kern der Sache! „Nur siebenhundert. Ein Sonderpreis. …" […] Meine Mutter sah mich einen Moment lang an und sagte dann, beinahe sanft: „Pass auf, Nelly, ich weiß, dass du ein gutes Teleskop willst. Und ich möchte auch, dass du eins bekommst. Aber ich finde, wenn du dir das so sehr wünschst, solltest du dafür arbeiten. Du bist alt genug. Du kannst doch mal babysitten. Ich mache dir einen Vorschlag. Wenn du anfängst, auf ein Teleskop zu sparen, machen wir fifty-fifty. Wie wär das?" „Babysitten? Du willst, dass ich babysitte?", sagte ich entsetzt. „Wieso nicht?" „Wieso nicht?", schrie ich. „Ja, wieso nicht? Warum musst du so widerspenstig sein?" „Ich, widerspenstig? Ist dir klar, wie lange ich babysitten müsste, um genug für ein anständiges Teleskop zusammenzusparen?" Ich sah, wie die Wangen meiner Mutter hochrot anliefen. Mein Vater wird bleich, wenn er wütend ist, aber meine Mutter läuft immer rot an. „Was bin ich denn?", schrie sie. „Eine Bank? Eine Gelddruckerei? Ein Geldautomat, der auf Knopfdruck Scheine ausspuckt?" „Aber mit Babysitten brauche ich doch ewig, bis ich das Teleskop kaufen kann!" „Na und – du hast doch Zeit! Die Sterne werden schon keine Beine bekommen!" Jetzt reichte es. Ich sprang auf und jagte in Luftlinie zur Tür. ‹

M1 H.-J. Rahlens: Prinz William, Maximilian Minsky und ich, S. 42–45

Strategie zur Lösung eines Konflikts: Höre auf dein inneres Team!

Von der kriegerischen Auseinandersetzung einmal abgesehen – auch in diesem Bereich spricht man von einem Konflikt (lat.: confligere: zusammentreffen, kämpfen) – prallen bei einem Konflikt im persönlichen Umfeld Interessen, Meinungen und Zielsetzungen aufeinander, die unterschiedlicher oft nicht sein könnten. Das ist im Übrigen völlig normal. In jeder Familie, in jeder Schule, in jedem Freundeskreis, in jedem Unternehmen entstehen Konflikte. Während die einen im Streit aktiv und laut sind, streiten andere kaum, ziehen sich zurück oder sind beleidigt. So seltsam es klingen mag, durch Rückzug und Schweigen oder lautes Schreien lösen sich Konflikte nicht. Wer aber gut streiten kann, ist anderen um einiges voraus. Die Betonung dabei liegt auf „gut" und das Streiten, also miteinander in einem Konfliktfall noch eine gelungene Kommunikation zustande zu bringen, das lässt sich trainieren.

Aufgaben

1 Im Textauszug M1 verlässt Nelly überstürzt den Raum, weil sie mit den Vorschlägen ihrer Mutter nicht einverstanden ist. Damit ist sie der Lösung des Konflikts keinen Schritt näher gekommen. Versucht in einem Rollenspiel eine Alternative zur Beilegung des Streits zu finden.

2 Macht euch mit der hier vorgeschlagenen Methode der Konfliktbewältigung vertraut und überarbeitet euer Rollenspiel mithilfe von M2 und M3. Berücksichtigt dabei auch die Gesprächsregeln auf der vorangehenden Doppelseite.

Dabei ist es gar nicht so wichtig, dass man hinterher die gleiche Meinung hat. Im Konfliktmanagement spricht man von einem Konsens, also eine Art Kompromiss, den die streitenden Parteien anstreben sollten. Dazu gibt es verschiedene Möglichkeiten. Eine davon ist, auf sein inneres Team zu hören:

Der Kommunikationswissenschaftler Friedemann Schulz von Thun geht in seinen Werken zur Psychologie der Kommunikation vom inneren Team des Menschen aus. Schulz von Thun sagt, klare Kommunikation setze innere Klarheit voraus. Oftmals können Menschen – junge wie ältere im Übrigen gleichermaßen – aber gerade wegen ihrer inneren Unklarheit nicht klar kommunizieren. Besonders schwierig ist dies, wenn es um spontane Entscheidungen geht. Und wer kennt das nicht: Oft schon kurze Zeit später würde man manchmal eine ganz andere Antwort geben – Schulz von Thuns Theorie zufolge deshalb, weil man zuvor nicht alle Stimmen des inneren Teams gehört hat. Die Mitglieder des inneren Teams sind nicht bei jedem Menschen gleich, weil sie von dessen Persönlichkeit abhängen. Und deshalb muss man sie erst einmal kennenlernen! Und: Nicht jedes Mitglied des inneren Teams meldet sich sofort zu Wort. Längeres Nachdenken bei schwierigen Entscheidungen ist oftmals gar nicht so schlecht.

M2

Die inneren Teams von Nelly und ihrer Mutter:

M3

3 Tauscht euch anschließend darüber aus, inwiefern es eine Hilfe bei der Lösung von Konflikten sein kann, auf das „innere Team" zu hören.

4 Erinnert euch an einen Konflikt, den ihr selbst einmal mit euren Eltern hattet, und sucht mithilfe einer Analyse der dabei beteiligten „inneren Teams" nach einem Lösungsvorschlag, mit dem alle gut leben können.

Wer bin ich? – Selbstverwirklichung unter den Augen Gottes

Im Konflikt Nellys mit ihrer Mutter ging es unter anderem auch um die Frage ihrer Teilnahme an der **Bat-Mizwa**-Feier (vgl. S. 7). Offenbar legt ihre Mutter großen Wert darauf, dass ihre Tochter in der jüdischen Tradition ihre religiöse Heimat findet. Deshalb kann sie nicht verstehen, dass Nelly den Vorbereitungen für diese Feier so wenig Bedeutung beimisst. Nelly ihrerseits versteht nicht, warum ihrer Mutter das so wichtig ist. Zum Glück gibt es Risa, die als Vertrauensperson immer wieder zwischen Nelly und ihrer Mutter zu vermitteln versucht.

Im Rahmen ihres Vorbereitungsunterrichts für die Bat-Mizwa-Feier muss Nelly sich auch mit den biblischen Schöpfungstexten beschäftigen, die im Judentum und im Christentum eine große Rolle spielen. Als künftige Naturwissenschaftlerin, als die sie sich sieht, steht sie diesen Texten zunächst sehr skeptisch gegenüber. Die Entstehung der Welt führt sie auf den Urknall zurück und kann Gott deshalb nicht als Schöpfer akzeptieren. Irgendwann verliert ihr Lehrer in der Thoraschule die Geduld mit ihr, und so übernimmt kurzerhand Risa ihre weitere religiöse Ausbildung. Deren Ziel ist es, dass Nelly bei ihrer Bat-Mizwa-Feier nicht einfach nur einen hebräischen Text aus der Bibel vorliest, sondern dass sie wirklich verstanden hat, worum es in dem Text geht. Die zwei folgenden Textauszüge geben euch einen Einblick, wie die Streitgespräche zwischen Risa und Nelly verlaufen.

M1 Szenenbild aus dem Film „Max Minsky und ich“: In der Thoraschule bereitet sich Nelly mit anderen auf das Lesen der Thora am Bat-Mizwa-Tag vor. Im Gegensatz zu ihren Mitschülerinnen und Mitschülern besucht sie den Unterricht in der Synagoge nicht ganz freiwillig und folgt den Ausführungen ihres Lehrers nur selten mit der nötigen Aufmerksamkeit. Nachdem dessen Ermahnungen nichts bewirken, droht er, sich deshalb mit ihrer Mutter in Verbindung zu setzen. Risa bemüht sich, die Wogen zu glätten.

›„Nelly“, sagte Risa und sah mich mit ernstem Blick an, „die Schöpfungsgeschichte will nicht erklären, *wie* die Welt entstanden ist. Die Thora ist kein wissenschaftliches Lehrbuch. Keine Fachlektüre über die Evolution. Die Geschichte ist dazu da, uns die Poesie fühlbar zu machen, das Wunder, das Staunen darüber, wie das Leben begann. Und sie erzählt uns, dass *eine* Kraft die Erde geschaffen hat und dass wir dieser Kraft helfen müssen, die Erde zu erhalten. Nun, ich nenne diese Kraft Gott. Du kannst sie nennen, wie du möchtest.“ „Physik. Diese Kraft heißt Physik“, sagte ich.‹

M2 H.-J. Rahlens: Prinz William, Maximilian Minsky und ich, S. 91

Aufgaben

1 Arbeitet aus den Gesprächen zwischen Nelly und Risa in M2 und M3 heraus, welche Positionen sich hier letztlich gegenüberstehen.

2 Fasst mit eigenen Worten die Botschaft zusammen, die Risa in diesen Gesprächen Nelly auf ihren Lebensweg mitgeben möchte.

„Die Schöpfungsgeschichte! Wenn du aus der Thora vorlesen willst, musst du auch wissen, worum es geht. Es reicht nicht, nur Hebräisch auswendig zu lernen." „Die anderen müssen ihre Stellen auch nicht interpretieren." „Ist mir egal. Du bist du, und ich bin deine Lehrerin, und ich sage: Es wird interpretiert! Also nochmal, worum geht es noch in der Schöpfungsgeschichte?" „Unter anderem um die Vertreibung Adams und Evas aus dem Garten Eden", erklärte ich [...]. „Adam und Eva haben Gottes Gebote falsch ausgelegt, und deshalb hat er sie fortgejagt. Dies lehrt uns, dass wir darauf Acht geben müssen, was wir sagen. Außerdem zeigt es uns, dass wir für unsere Fehler Verantwortung übernehmen müssen. Gott hätte sie vielleicht nicht weggeschickt, wenn sie alles zugegeben hätten, statt die Verantwortung abzuwälzen, auf den anderen, auf die Schlange und sogar auf Gott. [...]"

M3 H.-J. Rahlens: Prinz William, Maximilian Minsky und ich, S. 114

Wie bereits angedeutet wurde, spielen die Schöpfungstexte und insbesondere auch die im Folgenden wiedergegebenen Verse sowohl im Judentum als auch im Christentum eine große Rolle. Hier findet sich in Kurzform die entscheidende Antwort Gottes auf die Frage des Menschen: „Wer bin ich?". Ihr habt euch damit bereits in der Grundschule und insbesondere in der 5. Jahrgangsstufe näher beschäftigt, sodass euch diese Gedanken ja keineswegs fremd sind.

26 Dann sprach Gott: Lasst uns Menschen machen als unser Bild, uns ähnlich! Sie sollen walten über die Fische des Meeres, über die Vögel des Himmels, über das Vieh, über die ganze Erde und über alle Kriechtiere, die auf der Erde kriechen. 27 Gott erschuf den Menschen als sein Bild, als Bild Gottes erschuf er ihn. Männlich und weiblich erschuf er sie.

M4 Gen 1,26-27

M5 Schülerinnen und Schüler bei einer Klimademonstration in London, 15.2.2019

3 Umschreibt die zentrale Aussage der Bibelstelle Gen 1,26 f., mit der ihr euch früher schon einmal genauer befasst habt, mit eigenen Worten. Setzt das Ergebnis dann zur Deutung Risas in **M3** in Beziehung und vergleicht insbesondere, welche Rolle dabei jeweils der Verantwortung des Menschen zugesprochen wird.

4 Sucht Beispiele dafür, wie sich diese zunehmende Verantwortung in eurem eigenen Alltag zeigt.

5 Verfasst einen Brief Risas an Nelly, in dem sie ihr zu ihrer **Bat-Mizwa**-Feier gratuliert und ihr noch einmal die besondere Bedeutung dieser Feier für eine Heranwachsende erläutert. Nehmt dabei auf die Überlegungen von dieser Doppelseite Bezug.

6 Die Verantwortung für unsere Welt, wie sie dem biblischen Schöpfungsauftrag entspricht, ist heute aktueller denn je. Informiert euch über Sorgen und Probleme, die damit verbunden sind, und gestaltet ein eigenes Plakat, das die Verantwortung für die Schöpfung zum Ausdruck bringt.

Auf dem Weg zum eigenen Selbst: Selbst- und Fremdwahrnehmung

Max und Nelly kommen sich im Laufe der Geschichte allmählich näher und entwickeln eine gute, ja freundschaftliche Beziehung zueinander. Dadurch gewinnt Nelly auch mehr Selbstbewusstsein, sie wird sich ihrer eigenen Stärken bewusst.
Anhand des folgenden Textauszugs könnt ihr das genauer überprüfen. Nelly hat trotz aller Zweifel letztendlich doch einen Sinn darin sehen können, ihre **Bat-Mizwa** zu feiern, und fand die feierliche Zeremonie in der Synagoge sogar sehr schön. Auch über die Gäste freute sie sich, die in letzter Minute noch eingeladen wurden. Vor dem großen Fest mit der Familie, mit Verwandten und Freunden steht Nelly in ihrem Zimmer vor dem Spiegel und trägt das blaue Kleid, das Risa ihr eigens für ihre Feier der Bat-Mizwa genäht hat. Während sie sich betrachtet, stellt sie sich zunächst vor, wie es wäre, in diesem Kleid Prinz William zu begegnen. Doch dann kommt es zu einer überraschenden Wende.

› Vor der Feier am Abend stand ich vor meinem Spiegel und erkannte mich in meinem königsblauen, schulterfreien Samtkleid kaum wieder. Ich hatte meine Brille abgesetzt – nein nicht deswegen erkannte ich mich nicht. Ich kann auch ohne ganz gut sehen –, und das wirkte sich recht vorteilhaft aus. Hinter mir im Spiegel konnte ich Prinz William aus meinem Schrank hervorlugen sehen. Ich ging hin, öffnete die Schranktür so weit wie möglich, holte meinen Hocker und stellte mich neben den Prinzen. Dann schaute ich wieder in den Spiegel. Mit ein wenig Phantasie konnte ich mir fast vorstellen, wir wären ein echtes Paar aus Fleisch und Blut, herausgeputzt für einen Ball, und die Pferdekutsche erwartete uns bereits. Ich sah die Untertanen des britischen Königreichs vor mir, Tausende und Abertausende, wie sie uns über die Polizeiabsperrungen hinweg zuwinkten. Huldvoll hob ich die Hand zum Gruß, wie Prinzessin Diana oder die Queen Mum, und – pardauz! – kippte ich vom Hocker. „Alles deine Schuld!", sagte ich. William starrte mich nur an, sagte nichts, tat nichts, fühlte nichts. Ein paar Minuten lang betrachtete ich das Poster, bewunderte meinen Prinzen in seinem dreiteiligen dunkelblauen Kaschmirnadelstreifen-Dreiteiler, dem azurblauen Hemd mit der rubinroten Seidenkrawatte und dem rubinroten Einstecktuch aus Seide, seine azurblauen Augen. Und dann bückte ich mich und löste das Klebeband unten am Poster, stieg wieder auf den Hocker, reckte mich ein wenig und löste auch die oberen Klebestreifen. Das Poster glitt zu Boden. Ich glättete es, so gut es ging, faltete es sorgfältig zusammen und verstaute es ganz hinten im Schrank unter meinem alten Barbie-Reisekoffer. Dann drehte ich mich wieder zum Spiegel um, lächelte und machte einen Knicks. Mein Zopf glitt mir über die Schulter und kitzelte mich am Dekolleté. Ich richtete mich wieder auf und winkte. „Hallo, ihr da draußen!", sagte ich. „Hi! Ich bin's, Nelly Sue Edelmeister." ‹

M1 H.-J. Rahlens: Prinz William, Maximilian Minsky und ich, S. 208/209

Aufgaben

1 Arbeitet aus **M1** heraus, inwiefern Nelly sich verändert hat und wie sich das in ihrem Auftreten und ihrem Verhalten widerspiegelt. Setzt diese Veränderungen zu den Entwicklungsprozessen in der Phase der Pubertät in Beziehung, die ihr zu Beginn des Kapitels besprochen habt (vgl. S. 8).

2 In Gen 1,26 f. wird jedem Menschen als Gottes Ebenbild eine einzigartige Würde zugesprochen. Diskutiert, wie diese Botschaft Menschen in ihrem Selbstbewusstsein stärken kann, oder setzt euch mit dieser Frage in Form eines Schreibgesprächs auseinander.

3 Tauscht euch darüber aus, welche Faktoren in unserer Gesellschaft häufig als Maßstab für die Selbsteinschätzung herangezogen werden und warum das zu Problemen führen kann. Ihr könnt dabei auf Beispiele aus der Werbung, aus Filmen oder aus den sozialen Medien zurückgreifen.

Selbstbild – Fremdbild

Jetzt wird es wissenschaftlich: In der Psychologie geht es ganz darum, welches **Selbstbild** eine Person von sich hat. Am Selbstbild, also an der Meinung, die ein Mensch über sich selbst hat, richtet sich nämlich ganz häufig sein Verhalten aus. Ist jemand schüchtern, spricht er nicht so gerne Leute an, hält er sich für völlig unsportlich, probiert er nur widerwillig neue Sportarten aus, oder hält er sich nicht für attraktiv, geht er viel weniger selbstbewusst durchs Leben, als er könnte. Es gibt schließlich viele Werte, die einen Menschen ausmachen. Und: Andere sehen das oft ganz anders. Das heißt, die Selbstwahrnehmung entspricht nicht immer der Fremdwahrnehmung. Manchmal ist das **Fremdbild** aber auch identisch mit dem Selbstbild. Ein Mensch kann sich am besten entwickeln, wenn er sich ab und zu mit seinem Selbst- und Fremdbild auseinandersetzt. Das wird im Übrigen auch vielen Erwachsenen empfohlen. Sogar in Managementfortbildungen gibt es immer eine Einheit, in der die Teilnehmer sich ausführlich mit diesem Thema beschäftigen. Man kann dazu ganz einfache Auflistungen verwenden oder mit ausführlichen Tabellen arbeiten, in denen es die unterschiedlichsten Kategorien gibt. Vorrangig geht es um die Eigenschaften eines Menschen wie etwa Freundlichkeit, Geduld etc. Dabei schätzt man sich zunächst selber ein und bittet dann eine weitere Person um die sogenannte Fremdeinschätzung. Die zweite Person hat keine Einsicht in die Selbsteinschätzung. Im Anschluss wird die Tabelle zusammen besprochen. Das ist ganz wichtig, damit es nicht zu Missverständnissen kommt. Das Feedback soll nämlich ein Gewinn für alle sein und nicht zu Streit führen. Die unten stehenden Tabellen zeigen in vereinfachter Form an den Beispielen Nelly und Max, was man sich unter diesem psychologischen Phänomen vorzustellen hat.

Selbstbild Nelly	Fremdbild Nelly
sonderbar	
pflichtbewusst	
fleißig	
mäßig sportlich	

Selbstbild Max	Fremdbild Max
unangepasst	
sportlich	
sensibel	

M2

4 Arbeitet aus dem Informationstext heraus, warum es hilfreich sein kann, sein eigenes Selbstbild am sogenannten Fremdbild zu messen, und erläutert diesen Zusammenhang mithilfe von Beispielen aus eurem eigenen Erfahrungsbereich.

5 In M2 könnt ihr erkennen, wie eine solche Gegenüberstellung aussehen könnte. Probiert es nach diesem **Vorbild** selbst einmal aus: Sucht euch einen Partner oder eine Partnerin, dem oder der ihr vertraut. Erstellt auf der Vorderseite einer Karteikarte eine Liste von ca. fünf Adjektiven, die euch eurer eigenen Einschätzung nach besonders gut charakterisieren (Selbstbild). Bittet dann euer Gegenüber, auf der Rückseite der Karteikarte eine entsprechende Liste für euch zu erstellen (Fremdbild) und umgekehrt. Am Ende werden beide Listen miteinander verglichen und besprochen.

Was gibt uns in unserem Leben Halt und Orientierung?

Nur wer ein klares Ziel vor Augen hat, kann seine eigenen Stärken und Fähigkeiten sinnvoll einsetzen. Antoine de Saint-Exupéry hat das einmal so ausgedrückt:

> Wenn du ein Schiff bauen willst, dann trommle nicht Männer zusammen, um Holz zu beschaffen, Aufgaben zu vergeben und die Arbeit einzuteilen, sondern lehre die Männer die Sehnsucht nach dem weiten, endlosen Meer.

M1 Antoine de Saint-Exupéry, Die Stadt in der Wüste

Um unser Leben sinnvoll gestalten zu können, müssen wir uns also zunächst darüber klar werden, was uns antreibt. Was entspricht in unserem Leben der Sehnsucht nach dem Meer, von der Antoine de Saint-Exupéry spricht? Auch Nelly, die inzwischen deutlich reifer geworden ist, sieht sich mit diesen Fragen konfrontiert. Nachdem sie sich nach einem weiteren Streit mit ihrer Mutter in ihr Zimmer zurückgezogen hat, erinnert sie sich an einen Traum, der ihren Blick auf die Welt geweitet und verändert hat.

› Mein Kopf dröhnte und pochte, meine Wangen glühten und spannten. Seit dem Streit mit meiner Mutter waren zwei Stunden vergangen. Die ganze Zeit über hatte ich bloß dagesessen und in den unermesslich weiten Himmel vor mir gestarrt. Das einzige Licht in meinem dunklen Zimmer kam von dem Bildschirmschoner mit den neun um die Sonne kreisenden Planeten unseres Sonnensystems. Natürlich drang auch ein wenig Licht von draußen herein: gelbe Lichtrechtecke von fernen Wohnungen, das Licht vom nächtlichen Berlin, vom Himmel über Europa, vom Mond, von den Sternen, vom Universum. Ich beobachtete, wie ein paar Wolken am Fenster vorüberzogen wie ein Theatervorhang, der den Mond hinter seinem flauschigen Stoff verbarg. Und dann – schschh! – zogen die Wolken wieder ab zum rechten Bühnenrand, sodass der Mond erneut zum Vorschein kam. Da oben musste es ganz schön windig sein. Der Himmel war nun klar, aber unter mir herrschte nichts als diffuse, tiefe Schwärze. Hinter unserem Haus, unter meinem Fenster, erstreckte sich bei Tageslicht eine ausgedehnte Schrebergartenkolonie voll adretter Reihen schmucker Gartenhäuschen und sauber getrimmter Rasenflächen, die von Heerscharen rot bemützter Gartenzwerge in grünen Kitteln bewacht werden. Nach Einbruch der Nacht aber ist es eine verlassene Einöde – besonders in den Herbst- und Wintermonaten. Ein stilles, dunkles, sinnloses Nichts – so sah es vor meinem Fenster aus. Über mir jedoch, hoch über mir, jenseits des Mondes, der Wolken und des Windes, hinter der hell erstrahlen-

Aufgaben

1 Arbeitet aus dem Textauszug M2 heraus, welche Empfindungen und Sehnsüchte hier zum Ausdruck gebracht werden. Überlegt unter Einbeziehung von M1, welche Bedeutung diesen mit Blick auf die Leitfrage dieser Doppelseite zukommen könnten.

2 Setzt eure Beobachtungen zu der Position in Beziehung, die Nelly im Gespräch mit Risa vertreten hat (vgl. S. 21). Inwiefern hat sich Nellys Wirklichkeitssicht geändert?

den Venus, weit, weit fort in der Unendlichkeit des Himmels, erstreckte sich, davon war ich fest überzeugt, Alles. Alles, was von Bedeutung war und nur darauf wartete, sehnsüchtig wartete, entdeckt zu werden. So saß ich da in meinem Sessel und blickte in den Himmel dort draußen. Und versuchte mich an einen Traum zu erinnern, den ich in der Nacht gehabt hatte. Fetzen davon waren mir jäh wieder ins Bewusstsein gekommen, abgerissene Bilder, aber an das *Gefühl* vermochte ich mich immer noch nicht zu erinnern. Viel war nicht passiert in diesem Traum, ich war nur friedlich zwischen den Sternen dahingeschwebt, vorbei an Lichtdiamanten und mehr Lichtdiamanten, nur um immer noch mehr davon zu entdecken, eine Kammer nach der anderen, ein Königreich nach dem anderen, voll schwarzer Himmelszelte und Sterne und Diamanten und Schönheit. Aber es war mehr als nur schön. Mehr als nur friedlich. Was genau war es? Was hielt mich da oben in der Schwebe? Was hatte mich so unsagbar leicht gemacht? Was für ein Gefühl? Ich starrte und starrte die Sterne an. Und dann wusste ich es. Ich erinnerte mich. Staunen. Es war Staunen. Das Staunen über das Wunder des Universums hatte mich emporgehoben, mich mit solcher Schwerelosigkeit erfüllt, mit solch ungetrübter Freude, dass ich für alle Zeit hätte weiterschweben mögen. Ah – diesen Traum noch einmal zu erleben. Und noch einmal. Poch – poch. Ich drehte den Kopf zur Tür um. ‹

M2 H.-J. Rahlens: Prinz William, Maximilian Minsky und ich, S. 46–48

M3 Sieger Köder, Labyrinth und Rose

Gott,
wir bewegen uns ein Leben lang
wie in einem Labyrinth.
Die Wege sind manchmal dunkel, verwirrend.
Aber gute Menschen begleiten uns,
wofür wir sehr dankbar sind.
Und mitten auf dem Weg
begegnen wir immer wieder dir –
wie einer Rose,
die sich uns liebend zuneigt.
Deine Liebe sagt mir:
Hab keine Angst,
vor nichts und vor niemand!
Ich bin bei dir – überall.
Und mit mir zusammen bist du stark,
stärker als der Tod.

M4 Theo Schmidkonz: Gebet

3 Zeigt anhand von M3 und M4 auf, warum unser Lebensweg mit einem Labyrinth verglichen werden kann. Wofür steht dann die Mitte des Labyrinths, die durch die Rose gekennzeichnet ist?

4 Im Text von Theo Schmidkonz (vgl. M4) wird Gott selbst ins Zentrum gerückt. Stellt heraus, wie Gott hier beschrieben wird und auf welche Weise uns das Vertrauen auf Gott im Alltag stärken kann.

5 Diskutiert, inwiefern die Öffnung auf die religiöse Dimension der Wirklichkeit uns bei der Frage nach der Ausrichtung unseres Lebens Halt und Orientierung zu geben vermag.

An wem können wir uns orientieren? – Die Rolle der Vorbilder

Nelly hat mit zunehmender Reife ihre Schwärmerei für Prinz William überwunden. Dennoch kann es hilfreich sein, sich Menschen aus dem näheren Umfeld oder auch aus dem öffentlichen Leben als **Vorbild** zu wählen. Vorbilder können unsere Lebenseinstellungen prägen und wir können uns in unserem Denken und Handeln an ihnen orientieren. Dabei gibt es viele Möglichkeiten.

M1 Jugendlicher mit seinem Vorbild

M2

Leonhard, 12 Jahre: „Es ist eine Person, die schön ist und einen guten Geschmack hat. Sie ist nett und hat Humor. Außerdem setzt sie sich für etwas Gutes ein und ist stark."

M3

Paola, 12 Jahre: „Ich finde die Boygroup BTS super. Sie haben weitergemacht, obwohl viele sagten, dass sie es nicht nach oben schaffen werden. Trotzdem ist ihnen der Erfolg nicht zu Kopf gestiegen. Und sie versuchen alle glücklich zu machen."

M4

Yannik, 12 Jahre: „Ein Vorbild muss ganz viele Eigenschaften haben: freundlich, mutig, selbstbewusst, vorbildlich, hilfsbereit, ehrgeizig, talentiert, schlau, ordentlich, organisiert und tierlieb!"

M5

Amelie, 11 Jahre: „Ich würde meine kleine Nachbarin als Vorbild bezeichnen. Sie ist erst fünf Jahre alt und verliert trotz ihres Gehirntumors nie den Mut. Sie kann nicht gut gehen, aber trotzdem gibt sie nie auf und hält immer alles aus. Sie hat keine Haare mehr und hat sehr abgenommen. Wenn ich ihr begegne, lächelt sie immer."

M6

Konstantin, 11 Jahre: „Meine Eltern sind Vorbilder. Sie sind nett, großzügig und schlau. Und sie halten nichts von Kriegen."

M7

Tim, 15 Jahre: „Mein Vater ist ein super Basketballspieler. Ich will werden wie er."

M8

Luise, 13 Jahre: „Für mich ist meine Oma ein Vorbild. Sie wusste immer Rat, war immer so besonnen und sie schaffte es, Streit zu schlichten. Wenn ich eine Frage hatte, konnte sie die mir immer beantworten. Sie nahm sich viel Zeit für mich."

M9

Nikita, 12 Jahre: „Ein Vorbild muss sympathisch und nett sein. Die Person muss sich für etwas einsetzen. Und sie ist auf alle Fälle intelligent."

Neben Personen in unserem persönlichen Umfeld, die man auch als „kleine Helden" bzw. als *local heroes* bezeichnet, werden oft bekannte Persönlichkeiten als Vorbild empfunden. Fragt man heute junge Menschen, welche Personen des öffentlichen Lebens ihnen da in den Sinn kommen, so wird immer wieder Papst Franziskus genannt. Worin könnte diese Einschätzung begründet sein?
Als Jorge Mario Kardinal Bergoglio am 13. März 2013 zum Papst gewählt wurde, entschied er sich ganz bewusst, sich in Anlehnung an Franz von Assisi Papst Franziskus zu nennen. Die Wahl dieses Namens war Botschaft und Programm zugleich und erregte großes Aufsehen. „Für mich, ich sage das in aller Bescheidenheit, ist die Barmherzigkeit die stärkste Botschaft des Herrn", so kommentierte er selbst das, was ihm vor allem wichtig ist. Er möchte, dass die Kirche sich besonders den Menschen zuwendet, die am Rande der Gesellschaft stehen, wie es bei Flüchtlingen und Obdachlosen der Fall ist, und er fällt genau wie sein Vorbild Franz von Assisi immer wieder durch seine unkonventionellen Handlungsweisen auf.

- 2015: Auf Initiative von Papst Franziskus schneiden römische Frisöre Obdachlosen kostenlos die Haare. Fast zeitgleich werden am Petersplatz Duschen eingerichtet.
- 2016: Er feiert seinen 80. Geburtstag mit Obdachlosen.
- 2017: Er öffnet die Obdachlosenunterkünfte im Vatikan rund um die Uhr, weil er nicht will, dass Menschen erfrieren. Jeder erhält warmes Essen und einen Schlafplatz (vgl. M10). Weil manche Obdachlose nicht in einem Haus schlafen wollen, gibt es einige alte Autos, in denen übernachtet werden kann – den Schlafsack gibt es kostenlos dazu.

M10 Papst Franziskus isst zusammen mit Obdachlosen.

Aufgaben

1 Arbeitet aus M1 bis M9 heraus, welche Eigenschaften hier jeweils als besonders „vorbildlich" empfunden werden, und überlegt, inwiefern diese Vorbilder positiv auf die Gestaltung des eigenen Lebens einwirken können.

2 Formuliert eine eigene Aussage wie in M2 bis M9, wer für euch in diesem Sinne Vorbild sein könnte, und tauscht euch darüber aus.

3 Beschreibt anhand der hier aufgezählten Beispiele, wodurch sich das Handeln von Papst Franziskus vor allem auszeichnet. Ergänzt die Liste nach Möglichkeit durch weitere Aktionen, die ihr im Internet finden könnt.

4 Fanz von Assisi ist euch nicht unbekannt. Nähere Informationen zu seinem Leben und zu seinem Orden findet ihr überdies auf S. 100/101. Setzt euch auf dieser Grundlage mit der Frage auseinander, warum gerade Franz von Assisi dem gegenwärtigen Papst zum Vorbild werden konnte, wie er es durch die Wahl seines Papstnamens zum Ausdruck gebracht hat.

5 Diskutiert, ob und inwiefern Papst Franziskus auch für euch ein Vorbild sein kann.

Freiheit und Vielfalt in der persönlichen Lebensgestaltung

Die Phase der Pubertät ist ein wichtiger Schritt auf dem Weg zum Erwachsenwerden. Im Laufe des Kapitels konntet ihr ein Stück weit nachvollziehen, wie vielfältig die Aufgaben und Herausforderungen sind, die sich uns dabei stellen. Zugleich geht damit eine zunehmende Verantwortung einher, werden Fragen nach der persönlichen Zukunft dringlicher und zugleich konkreter. Was möchte ich in meinem Leben alles erreichen? Wie könnte meine berufliche Zukunft aussehen?

M1 Szenenfoto aus dem Film „Max Minsky und ich“: Nelly denkt oft über ihr Leben nach: Was soll ich werden? Astrophysikerin – das war lange ihr ganz klares Ziel – oder doch erst mal ein Ass in Basketball?

Im Folgenden findet ihr verschiedene Textimpulse, die euch dazu ermutigen können, euch im Vertrauen auf Gott auf euren ganz persönlichen Lebensweg zu machen.

Gott, ich brauche einen Fels, um darauf zu stehen in dieser fließenden Welt. Ich brauche einen Boden, der nicht wankt in dieser bebenden Welt. Ich brauche einen Weg, um mich nicht zu verirren in dieser verwüsteten Welt. Ich brauche einen Stock, um mich zu halten in dieser gefährlichen Welt. Ich brauche jemanden, der mich nicht im Stich lässt in dieser trügerischen Welt. Gott, sei Du mir Fels, sei Du mir fester Boden, sei Du mir Weg und Stock, sei Du mein Du – jetzt und alle Tage meines Lebens.

M2 Anton Rotzetter

Aufgaben

1 Tauscht euch in Kleingruppen über eure persönlichen Zukunftsvorstellungen aus. Lasst euch dazu auch von Nelly inspirieren (vgl. M1).

2 Fasst die zentrale Botschaft der einzelnen Texte M2 bis M4 möglichst prägnant zusammen.

3 Wählt aus den Texten M2 bis M4 den Text aus, der euch persönlich am meisten anspricht, und übertragt ihn in euer Heft. Ergänzt dann

Atem holen

mal mich
sein lassen
mal mich
einlassen
mit mir selbst
mal
dahin
unterwegs sein
wo ich mich selbst
finde
wo ich
mit mir
zärtlich bin
wo ich mich
annehme
ohne zu fragen

M3 Anke Maggauer-Kirsche

Ein neuer Tag liegt vor mir. Lass mich, mein Gott, mitten in der Tretmühle des Alltags die Möglichkeiten erkennen, die mir heute geschenkt sind. In vielem bin ich festgelegt, aber immer gestalte ich mit. Du weißt, dass ich anfällig bin für die Entmutigung. Stärke in mir die Wahrnehmungskraft für das Gute, damit ich dem Sog des Negativen zu widerstehen vermag. Gib mir ein tapferes Herz, das sich nicht einlässt auf Wehleidigkeit und Selbstmitleid. Gib mir ein gesundes Maß an Selbstliebe, die Freiheit, über mich zu lachen, und die Demut, die Grenzen, die du mir gesetzt hast, nicht gewaltsam niederreißen zu wollen. Gib mir die Aufmerksamkeit des Herzens, die anderer Menschen Bedürftigkeit wahrzunehmen versteht. Du weißt: Es fehlt mir allenthalben, aber dir darf ich mich lassen, so wie ich bin, mit allen erkannten und unbewussten Mängeln. Nimm Besitz von meinen Gedanken, von meinem Fühlen und Wollen, dann wird dieser Tag fruchtbar sein.

M4 Antje S. Naegeli

M5 Chillen am Nachmittag

in Form von Sprechblasen Ideen, Fragen, Anmerkungen jeder Art, die euch zu dem Text in den Sinn kommen. Diese können euch das Schuljahr über begleiten und fortlaufend ergänzt werden.

4 Beschreibt das Bild M5 und tauscht euch darüber aus, warum es wichtig ist, sich auch einmal einfach zu entspannen und mitten im Alltag zur Ruhe zu kommen.

Du – jetzt und in Zukunft

Auf dem Cover des Romans „Prinz William, Max Minsky und ich“ ist ein Kästchen mit Gegenständen und Bildern von Personen zu sehen, die in Nellys Leben eine Rolle spielen und ihr gerade wichtig sind.

M1 Ein solches Kästchen könnte zum Beispiel so aussehen, wie es hier abgebildet ist.

Materialliste:

Persönliche Bilder und Gegenstände
Kästchen / Schuhkarton

Kleber
Schere
Tesa
Filzstifte (evtl. auch Malkasten, Wachsmalkreiden usw.)

Buntes Papier, z. B. Tonpapier, Glanzpapier, Krepppapier
Bunte Klebebänder, Geschenkbänder
Aufkleber, Steinchen, Glitzerkleber
Motivstempel

Auch kleine Reste eignen sich ganz hervorragend! Am besten bringt jeder mit, was er entbehren kann!

Aufgaben

1 Gestaltet ein eigenes Kästchen, das euer Leben bzw. euren Lebensentwurf widerspiegelt. Was ist euch wichtig? An welchen Werten orientiert ihr euch? Wo liegen eure Stärken?
Findet oder gestaltet zu folgenden Punkten ein **Symbol**: Hobbys – Erinnerung an deinen Firmtag/deine Erstkommunion/deine **Taufe** – Freunde – Berufswunsch – Wie/wo lebe ich in 20 Jahren? – Mein(e) **Vorbild**(er) – Familie.
Ihr könnt gern weitere Inhalte ergänzen, die euch wichtig sind.

Im Sichtbaren wird Unsichtbares gegenwärtig – Symbole und Sakramente

2

Herangezoomt

Lisa und Jonas sollen zusammen ein Referat zum Themengebiet „Symbole und **Sakramente**“ vorbereiten. Jonas’ Hobby ist es zu fotografieren. „Ich liebe es, wenn meine Bilder eine große Symbolkraft besitzen.“

M1 Pinnwand mit Zeichen und Symbolen

Aufgaben

1 Benennt verschiedene Orte, wo euch **Zeichen** und **Symbole** aus M1 begegnen.

2 Überlegt, welche Bildelemente eine besondere Bedeutung bzw. einen religiösen Bezug haben.

3 Versucht anhand der Fotos zu formulieren, was Jonas mit „Symbolkraft der Bilder“ meint.

4 a) Stellt die im Arbeitsauftrag der Impulsseite zu Kapitel 1 gestalteten und mit Symbolen gefüll-

Auch Lisa macht sich auf die Suche nach geeignetem Bildmaterial. Auf dieser Pinnwand sind einige Fotos zu finden, die die beiden in der Vorbereitung auf den Vortrag gesammelt haben.

ten Kästchen im Klassenzimmer auf und versucht euch diese gegenseitig bei einem Gallery-Walk zu erklären und sie zu deuten.

Oder

b) Bringt selbst Bilder von Zeichen und Symbolen (oder entsprechende Gegenstände) in den Unterricht mit und erläutert, warum auch diese für euch persönlich wichtig sind.

Unsichtbares sichtbar machen

In unserer Lebenswelt gibt es vieles, was auf uns wirkt und für uns Bedeutung hat, was unsichtbar ist und mit bloßem Auge nicht wahrgenommen werden kann. Physik, Chemie und andere Wissenschaften haben Methoden entwickelt, um für den Menschen sichtbar zu machen, was ihm normalerweise verborgen bleibt.

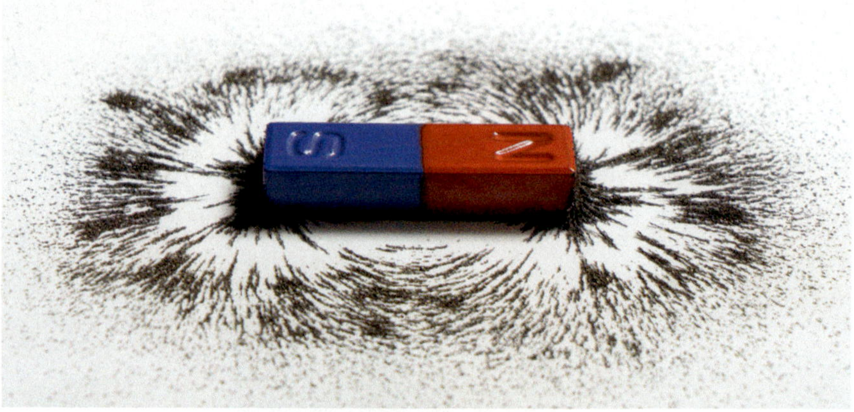

M1 Magnetismus: Feldlinien werden mithilfe von Eisenspänen sichtbar gemacht.

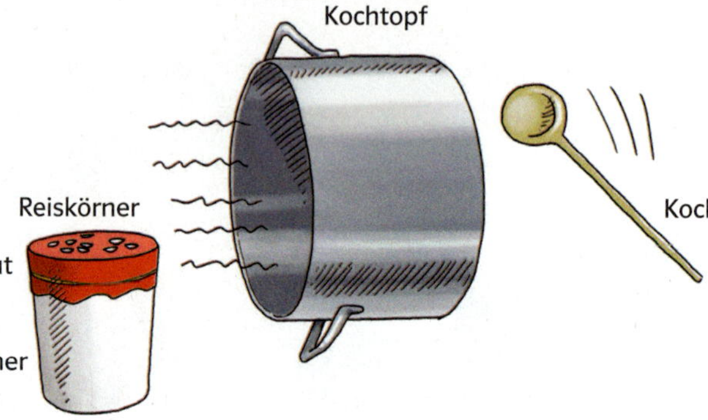

M2 Schallwellen werden sichtbar gemacht.

Aufgaben

1 Beschreibt jeweils den Ablauf der in **M1** und **M2** dargestellten Versuche und erläutert die Vorgehensweise.

2 Sammelt weitere Methoden oder Situationen, durch die Unsichtbares sichtbar wird.

3 Überlegt, wo Unsichtbares in unserem Leben eine Rolle spielt.

4 Beschreibt anhand von **M5** und **M6** mit eigenen Worten, welche Aussagen die Naturwissenschaften und die Bibel über den Regen-

Die Mehrdimensionalität unserer Wirklichkeit

Menschliche Wahrnehmung ist immer beschränkt, d.h. sie kann nie allumfassend sein. Es gibt viele unterschiedliche Perspektiven, um Wirklichkeit zu erfassen und zu beschreiben. Dadurch werden jeweils andere Teilaspekte in den Blick genommen, wie auch das folgende Beispiel veranschaulicht.

M3 Regenbogen

M4 Lichtbrechung (Prisma)

Der Regenbogen (vgl. M3) ist eine der bekanntesten atmosphärischen Erscheinungen. Meistens entdeckt man ihn zufällig. Wer gezielt nach einem Regenbogen Ausschau halten will, muss die Bedingungen kennen, unter denen dieser auftritt, und wissen, an welcher Stelle des Himmels er zu finden ist. Wir sehen das beeindruckende Farbenspiel dann, wenn die hinter uns stehende Sonne eine Regenwand vor uns beleuchtet. Zusätzlich muss auch die Sonnenhöhe weniger als 42° betragen. Beim ersten Übergang von Luft nach Wasser findet eine Brechung des weißen Lichtes statt. Dabei wird es wie bei einem Prisma in seine Spektralfarben aufgefächert (vgl. M4). Das rote Licht wird dabei am wenigsten, das violette am stärksten gebrochen.

M5 Naturwissenschaftliche Beschreibung des Phänomens Regenbogen

Und Gott sprach: Das ist das Zeichen des Bundes, den ich stifte zwischen mir und euch und den lebendigen Wesen bei euch für alle kommenden Generationen: Meinen Bogen setze ich in die Wolken; er soll das Zeichen des Bundes werden zwischen mir und der Erde. Balle ich Wolken über der Erde zusammen und erscheint der Bogen in den Wolken, dann gedenke ich des Bundes, der besteht zwischen mir und euch und allen Lebewesen.

M6 Gen 9,12-15a

bogen machen, und bezieht dabei M3 und M4 mit ein. Erläutert abschließend, warum ein und dieselbe Wirklichkeit ganz unterschiedlich wahrgenommen werden kann.

5 Gott selber ist unsichtbar und über alles erhaben, er offenbart sich aber in sichtbaren Zeichen und machtvollen Taten (vgl. M6). Erläutert die Bedeutung von **Zeichen** und **Symbolen** in euch bekannten Bibeltexten oder blättert in eurer Bibel, um passende Beispiele zu finden.

Etwas fürs Herz

M1 Engelsfigur

„Du stehst wohl auf Kitsch“, schmunzelt Jonas. Er hat einen kleinen Porzellanengel in Lisas Zimmer entdeckt und aus dem Regal genommen. Locker wirft er ihn von einer Hand in die andere: „Der würde bei mir sofort in den Mülleimer wandern.“

Lisa schaut betreten zu Boden. Eigentlich steht sie total auf Jonas und möchte, dass er sie für cool hält. Den Engel hat ihr ihre Großmutter geschenkt, die vor fünf Jahren gestorben ist. Sie weiß noch genau, wie ihre Oma ihr damals über die Haare gestrichen hat und gesagt hat: „Dein Schutzengel soll dich immer behüten, mein kleiner Engel.“

Zehntausend Tattoos, die ich hab',
'ne Totenkopf-Maske und 'n Sägeblatt,
alles voll und auch du hast 'n Platz,
Damit ich nicht vergess', für wen ich's mach'.
Ich hab' 'ne Kassette aufm Arm, was bedeutet,
ich hab' meine alten Werte nicht verlor'n.
Und weil mein Opa immer sagte:
„Schreib dir das hinter die Löffel!“, hab' ich heute
diese Sterne hinterm Ohr.
Alles, was ich gut finde, hab' ich tätowiert ...

M2 Sido, Tausend Tattoos

M3 Web-Kontakt-Symbole

Aufgaben

1 Diskutiert mit Bezugnahme auf M1, wie sich Lisa verhalten sollte. Wählt eine Möglichkeit und spielt die Szene weiter.

2 Bestimmt mit Bezugnahme auf M2 die Funktion und Bedeutung der im Liedtext genannten Beispiele für **Symbole**.

3 Entwerft eine ausdrucksstarke Nachricht für einen eurer Mitschüler auf Smartphone oder PC, die nur aus Symbolen und Icons besteht (vgl. M3).

4 Benennt mögliche Bedeutungen der einzelnen **Zeichen** auf M4. Beschreibt, wie durch deren Kombination eine neue Information entsteht. Findet das Hinweisschild im Schulhaus und sucht dort nach weiteren Zeichen, die ihr euch im Anschluss gegenseitig vorstellt.

M4 Hinweisschild

❯ Zum Wesen eines Zeichens gehört es, dass es wahrgenommen und gedeutet werden kann.
So kann beispielsweise ein Schild mit einem aufgedruckten Wort für einen Straßennamen oder eine ganze Straße stehen. Das Zeichen ist also ein eindeutiger Stellvertreter.
Dabei unterscheidet man zwischen natürlichen Zeichen [z. B. gelbliche Hautfarbe als Symptom einer bestimmten Krankheit] und künstlichen Zeichen. Letztere sind willkürlich festgelegt und beruhen auf Vereinbarung [z. B. das Wort „Gelb" als Bezeichnung eines bestimmten Ausschnittes aus dem Farbspektrum].
Zum Wesen eines Zeichens gehört es, dass es wahrgenommen und gedeutet werden kann.
Es gibt verschiedene Arten von Zeichen, z. B. das Ikon.
Das Ikon ist ein Zeichen, das aufgrund von bildhafter Ähnlichkeit gebildet wird. Typische Beispiele hierfür sind Piktogramme [vgl. M3 und M4]. Sie werden heutzutage häufig zur Erleichterung der internationalen Kommunikation verwendet. ❮

M5 Definition „Zeichen", H. Bußmann: Zeichen und Icon

❯ Im ursprünglichen Sprachgebrauch war der Sinn des griechischen Wortes „symbolon" der eines Erkennungszeichens. Wenn zwei Freunde für längere Zeit oder für immer voneinander Abschied nahmen, so zerbrachen sie eine Münze, ein Tontäfelchen oder einen Ring. Kam nach Jahren einer von beiden zu der befreundeten Familie zurück, so konnten die zusammengefügten Teile (symbállein: zusammenwerfen, zusammenfügen) bestätigen, dass der Träger des einen Bruchstückes wirklich Anspruch auf Gastfreundschaft besaß. Dieses Prinzip fand auch für Verträge Anwendung. Das Symbol ist also ein „Zusammengefügtes", in dem ein sonst nicht wahrnehmbarer Sinninhalt enthalten ist und zum Ausdruck kommt. Das Symbol ist so sichtbares Zeichen einer unsichtbaren Wirklichkeit. Deshalb ist die Deutung von Symbolen oft so schwierig. Bei der Beschreibung in Worten bleibt immer ein unübersetzbarer Rest. ❮

M6 Definition „Symbol", M. Lurker: Die Botschaft der Symbole

M7 Freundschaftskettchen

5 Erklärt mithilfe der Definition M5 die Merkmale eines Zeichens. Berücksichtigt dabei M4 sowie ein selbst gewähltes Beispiel.

6 Stellt heraus, wie in einem modernen Freundschaftskettchen (M7) die ursprüngliche Idee des Begriffs Symbol aufgegriffen wird (vgl. M6).

7 Setzt euch anhand von M1 bis M7 und mithilfe des Glossars mit folgender Aussage auseinander: „Zwar sind alle Symbole Zeichen, aber nicht alle Zeichen Symbole".

8 Benennt die religiösen Symbole, die in eurem Alltag vorkommen, und beurteilt deren Stellenwert für euch persönlich und für die Gesellschaft.

Im Zeichen des Kreuzes

M1 Luftbild: der Kiliansdom von oben

Lisa zeigt Jonas eine alte Luftaufnahme, die sie bei ihren Recherchen für das Referat entdeckt hat. Bei einem Rundflug über Würzburgs Innenstadt fällt der Kiliansdom mit seinem bedeutungsvollen Grundriss ins Auge. Die beiden machen sich dorthin auf den Weg, um eindrucksvolle Kreuze aus verschiedenen Jahrhunderten im Innenraum zu fotografieren. Das Kreuz ist viel mehr als das Hinrichtungsinstrument, an dem Jesus Christus gestorben ist: Es ist zum Erkennungs- und Bekenntniszeichen des christlichen Glaubens geworden und symbolisiert die Hoffnung auf Auferstehung und Heil. Deswegen gibt es das Kreuzzeichen auch als Geste. Es kommt z. B. bei allen Segnungen zum Einsatz. Segnungen gehören (wie auch geweihte Gegenstände) zu den sogenannten **Sakramentalien**.

Aufgaben

1 Das **Zeichen** des Kreuzes findet sich nicht nur in Kirchen, sondern auch in vielfältigen Formen in unserem Alltag. Sammelt Beispiele, wo euch Kreuze in eurem Leben begegnen.

2 Ergänzt zu Aufgabe 1 auch Redewendungen mit dem Begriff „Kreuz" und vergleicht anschließend die unterschiedlichen Bedeutungen, die damit jeweils verbunden sind.

3 Der Längsbalken des Kreuzes kann gedeutet werden als die Verbindung Gottes mit den Menschen und der Querbalken als die Beziehung der Menschen untereinander. Deutet die Architektur des Kiliansdoms (vgl. M1) mithilfe dieser Aussage.

M2 Kreuze im Kiliansdom

4 Alle in **M2** wiedergegebenen Kreuze befinden sich im Kiliansdom. Beschreibt, inwiefern sich die Kreuze voneinander unterscheiden, und überlegt, was die Künstler damit zum Ausdruck bringen wollten.

5 Wählt anschließend das Kreuz, das euch persönlich am meisten anspricht. Begründet eure Wahl.

6 Bringt eigene Kreuze in den Unterricht mit. Vergleicht sie miteinander und tauscht euch darüber aus, was sie für euch persönlich bedeuten.

ICHTHYS – verdichtete Sprache als Symbol

› Lehrerin trägt statt Kreuz anderes christliches **Symbol**

Berlin (dpa/bb) – Eine Berliner Lehrerin, die auf Betreiben der Schulleitung eine Halskette mit einem Kreuz ablegen musste, soll nun im Unterricht ein anderes christliches Symbol getragen haben. Dabei handele es sich um einen Fisch-Anhänger, berichtete die „Berliner Zeitung“ am Dienstag ohne Quellen. Schulaufsichtsbeamte hätten sich erneut des Falles angenommen. Das Berliner Neutralitätsgesetz schreibt vor, dass Polizisten, Lehrer und Justizmitarbeiter im Dienst keine religiös geprägten Kleidungsstücke tragen dürfen.

„Sollte es sich um ein religiöses Symbol handeln, muss es abgenommen werden“, sagte die Sprecherin der Bildungsverwaltung, Beate Stoffers, zu dem Bericht. Den Vorgang als solchen konnte sie ebensowenig bestätigen wie die Evangelische Kirche Berlin-Brandenburg-schlesische Oberlausitz. Bereits vor einigen Wochen war bekannt geworden, dass die Lehrerin mit dem Kreuz angeeckt war. Um welche Schule es sich handelt, ist der Öffentlichkeit bis heute unbekannt.

Das Neutralitätsgesetz war jüngst auch deshalb in den Fokus gerückt, weil das Landesarbeitsgericht Anfang Februar einer muslimischen Lehrerin mit Kopftuch eine Entschädigung von 8 680 Euro zugesprochen hatte. Sie hatte geltend gemacht, sie sei wegen des Kopftuchs abgelehnt und damit diskriminiert worden.

Das Gericht sah eine Benachteiligung, sprach aber von einer Einzelfallentscheidung. Der Senat legte keine Revision gegen das Urteil ein und hält am Neutralitätsgesetz fest. Dies stieß etwa bei der Bildungsgewerkschaft GEW auf Kritik, weil eine Chance für mehr Rechtssicherheit vertan worden sei. Die Auslegung des Gesetzes ist Sache der Schulen. ‹

M1 dpa-Meldung

M2 Kirchenfenster von Georg Meistermann (Kiliansdom Würzburg Sepultur / Grabkapelle der Domherren)

› Es ist vielleicht nicht auf den ersten Blick erkennbar, doch:
Das [obenstehende] Kirchenfenster zeigt einen Fisch. Ein Wasserberg türmt sich in Windungen auf, sodass sich daraus die Fischform aufbaut. Drei horizontale gelbe Bänder führen den Betrachter auf die Dreifaltigkeit Gottes hin. ‹

M3 Friedhelm Hofmann: Verwandeltes Licht

Aufgaben

1 Vollzieht nach, wie es zur Aufregung um das Kettchen der Lehrerin kam (vgl. M1), und bezieht dazu Stellung.

2 Sammelt in drei Gruppen eure spontanen Assoziationen zu „Christus, der Gesalbte“, **„Gottes Sohn“** und „Retter und Erlöser“.

3 Das durch das Glas durchbrechende Licht trägt in M2 besonders zur Wirkung der Darstellung bei. Gestaltet (in Zusammenarbeit mit dem Fach Kunst) selbst ein Kirchenfenster mit christlichen Symbolen. Verwendet dabei z. B. Elemente des Titelbildes S. 31. Vergleicht eure Entwürfe mit M2.

Aber warum ein Fisch?

› Aus den Buchstaben des griechischen Wortes für Fisch „ΙΧΘΥΣ“ („ICHTHYS“) lassen sich folgende Worte bilden:

ΙΗΣΟΥΣ	Iēsoûs	Jesus
ΧΡΙΣΤΟΣ	Christós	der Gesalbte
ΘΕΟΥ	Theoû	Gottes
ΥΙΟΣ	hYiós	Sohn
ΣΩΤΗΡ	Sōtér	Retter, Erlöser

Die griechischen Buchstaben stehen somit für das, woran die Christen glauben. ‹

M4 Manfred Eder: Kirchengeschichte

M5 Mosaik im Benediktinerkloster Tabgha am See Gennesaret

Dem Bekenntnis ICHTHYS liegt die Erzählung vom wunderbaren Fischfang in Lk 5,1-11 zugrunde, bei dem Jesus Simon Petrus zu seinem Apostel beruft und ihm sagt, dass er ab jetzt Menschenfischer sein wird.
Der Fisch gehört somit neben Wasser und Taube zu den wichtigsten Symbolen der **Taufe**.

In Mk 6,30-44 wird erzählt, wie es Jesus gelang, mit nur fünf Broten und zwei Fischen 5000 Menschen zu sättigen. Das Mosaik M5 legt die Textstelle in Abwandlung der Darstellung aus: Im Korb sind nur vier Brote. Wo ist das fünfte Brot? Eine mögliche Symboldeutung dazu ist folgende: Zum einen ist das Mosaik im Kloster Tabgha direkt unter dem Altar ausgelegt und verweist damit auf das Brot der **Eucharistiefeier**, in dem Jesus Christus gegenwärtig ist. Der Betrachter ist zudem aufgefordert: Sei du – in und mit deinem Leben – das fünfte Brot!

M6 Aktuelle Beispiele für die Verwendung des Fischsymbols

4 Erklärt Gemeinsamkeiten und Unterschiede bezüglich der früheren und der aktuellen Verwendung des Fischsymbols (vgl. M1 bis M6).

5 Recherchiert in einer Bibliothek bzw. im Internet nach weiteren künstlerischen Darstellungen mit dem Fischsymbol und vergleicht diese.

6 Eine wichtige Fähigkeit ist der kritische Umgang mit Symbolen. Nehmt begründet Stellung dazu, ob euch die Verwendung des Fischsymbols in M6 angemessen erscheint.

Gott geht mit uns – gestern, heute und morgen

M1 Spuren im eigenen Leben

Spuren im Sand

Eines Nachts hatte ich einen Traum:
Ich ging am Meer entlang mit meinem Herrn.
Vor dem dunklen Nachthimmel erstrahlten, Streiflichtern gleich, Bilder aus meinem Leben.
Und jedes Mal sah ich zwei Fußspuren im Sand, meine eigene und die meines Herrn.
Als das letzte Bild an meinen Augen vorübergezogen war, blickte ich zurück.
Ich erschrak, als ich entdeckte, dass an vielen Stellen meines Lebensweges nur eine Spur zu sehen war.
Und das waren gerade die schwersten Zeiten meines Lebens.
Besorgt fragte ich den Herrn:
„Herr, als ich anfing, dir nachzufolgen, da hast du mir versprochen, auf allen Wegen bei mir zu sein.
Aber jetzt entdecke ich, dass in den schwersten Zeiten meines Lebens nur eine Spur im Sand zu sehen ist.
Warum hast du mich allein gelassen, als ich dich am meisten brauchte?"
Da antwortete er: „Mein liebes Kind,
ich liebe dich und werde dich nie allein lassen, erst recht nicht in Nöten und Schwierigkeiten.
Dort, wo du nur eine Spur gesehen hast, da habe ich dich getragen."

M2 Margaret Fishback Powers, Spuren im Sand

Menschen können auf vielfältige Weise erfahren, dass sie in ihrem Leben nicht allein gelassen werden. Die Kirche als Volk Gottes, das durch die Zeit mit Gott geht – gestern, heute und morgen – hat besondere Angebote, die uns diese konkrete Zuwendung Gottes auf unserem Lebensweg nahebringen: die **Sakramente**. Sie lassen in den unterschiedlichen Lebenssituationen spürbar werden, dass es Gott gut mit den Menschen meint. Das wurde in herausragender Weise deutlich, als Gott in Jesus Christus selbst Mensch geworden ist. Für Jesus gibt es in diesem Zusammenhang eine besondere Bezeichnung: Er ist das Ur-Sakrament. Weil die Kirche selbst das bleibende **Zeichen** der Gemeinschaft mit Christus, der Nähe und Liebe Gottes ist, wird sie als das Grundsakrament bezeichnet.
Lisa und Jonas führen für ihr Referat zu den Sakramenten auch Gespräche mit ihren Mitschülern, die anderen **Konfessionen** angehören. Dabei stellen sie viele Gemeinsamkeiten, aber auch Unterschiede fest. Das sieht man an den Aussagen, Fotos und Texten, die sie gesammelt haben:

Aufgaben

1 Schreibt Beispiele aus eurem Leben nieder, die die Impulse in **M1** vollenden.

2 Benennt in Anlehnung an **M2** Lebenssituationen, in denen auf ganz unerwartete Weise Zeichen der Nähe Gottes wahrnehmbar werden können.

3 Überlegt, ob in den von euch in **M1** benannten Erfahrungen Gott direkt oder indirekt eine Rolle gespielt hat.

› Die orthodoxe Kirche feiert sieben Sakramente, die evangelische Kirche erkennt nur **Taufe** und Abendmahl (Eucharistie) als Sakramente an (Trauung, Konfirmation, Übertragung des geistlichen Amtes etc. sind für sie nur Segnungen, aber keine Sakramente, weil sich dafür keine ausdrücklichen Einsetzungsworte Jesu in der Bibel finden). ‹

M3 Information der Erzdiözese Wien zu den Sakramenten

› Bei uns in der evangelischen Kirchengemeinde dürfen die Eltern auch schon kleine Kinder mit zum Abendmahl nehmen. Die bekommen dann Traubensaft aus einem Saftkelch. Einen **Tabernakel** gibt es nicht in unserer Kirche. ‹

M5 Information der Evangelischen Kirche Deutschlands zum Abendmahl

M4 Hier bereitet eine evangelische Pfarrerin den Kelch für das Abendmahl vor.

M6 Kommunionempfang in orthodoxer **Eucharistiefeier**

› Ein orthodoxer Gottesdienst dauert meist 90 Minuten oder länger und soll ein Ort sein, wo die Gläubigen neue Kraft erhalten. Es wird viel gesungen, aber es werden keine Instrumente verwendet. Stehen ist ein Zeichen des Respekts vor Gott. Ist man dazu fähig, sollte man während des ganzen Gottesdienstes stehen.
Wir orthodoxen Christen empfangen Taufe, **Firmung** und Erstkommunion in einer Feier. Bei der Taufe wird der Täufling dreimal ganz untergetaucht. Das ist das **Symbol** für das „Sterben und Auferstehen in Christus“. Dem Täufling wird ein weißes Gewand angelegt als Zeichen der Reinheit. ‹

M7 Stephan Sigg, Katholisch. Evangelisch. Orthodox.

› Miteinander beten
Es gibt heute vielfältige Bestrebungen, durch Gebete und Gottesdienste die geistliche Gemeinschaft zwischen den Kirchen zu vertiefen und für die sichtbare Einheit der Kirche Christi zu beten. [...]
Die die Charta oecumenica unterzeichnenden Kirchen in Deutschland wollen:
- füreinander und für die christliche Einheit beten.
- die Gottesdienste und die weiteren Formen des geistlichen Lebens anderer Kirchen kennen und schätzen lernen.
- dem Ziel der eucharistischen Gemeinschaft entgegengehen. ‹

M8 Gemeinsamer Weg – Gedanken aus der Charta oecumenica. Leitlinien für die wachsende Zusammenarbeit unter den Kirchen in Europa.

4 Helft Lisa und Jonas dabei, ihr Referat vorzubereiten, indem ihr eine erklärende Skizze oder Zeichnung zur jeweiligen Feier der Sakramente (vgl. **M3** bis **M7**) anfertigt. Aus eurer Skizze sollten insbesondere auch die Unterschiede zwischen den christlichen Konfessionen deutlich werden. Recherchiert ggf. weitere Informationen im Internet.

5 In **M8** kommt der Wunsch zum Ausdruck, dass die christlichen Konfessionen sich in Zukunft verstärkt auf ihre Gemeinsamkeiten besinnen, also auch gemeinsam (ökumenisch) tätig werden. Tauscht euch darüber aus, wo ihr bereits solche Formen der Zusammenarbeit erlebt habt.

6 Sammelt in Anschluss an **M8** Möglichkeiten für ein Zusammenwirken aller Konfessionen.

Auf Spurensuche im eigenen Leben: die Sakramente

Lisa (L) und Jonas (J) arbeiten an ihrem Referat zum Thema „Die sieben **Sakramente** der katholischen Kirche". Gemeinsam überlegen sie, welche Erfahrungen sie selbst bisher dazu gesammelt haben.

J: „Dass ich im Alter von zwei Monaten getauft werden sollte, das haben meine Eltern für mich entschieden. Was wäre wohl in meinem Leben anders, wenn sie das nicht getan hätten?"

L: „Vielleicht bemerkt man schon als kleines Kind, dass etwas Besonderes mit einem passiert. Das Wasser, mit dem man übergossen wird oder in das man eintaucht, spürt man intensiv. Ebenso fühlt man, dass man von seinen Eltern oder von seinem Paten gehalten wird."

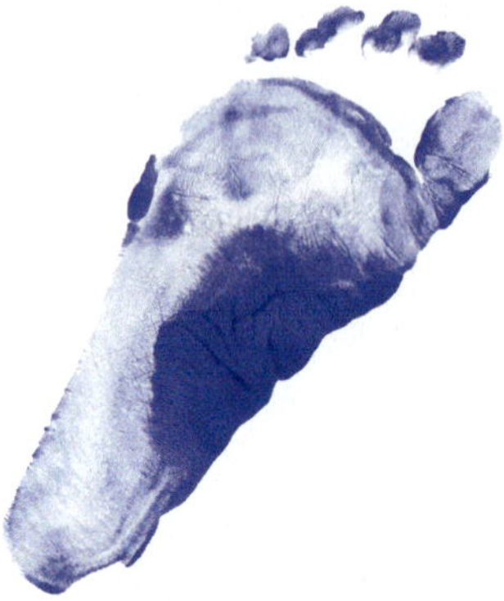

M1 **Taufe**

L: „Hostienschale und Kelch auf dem Altar sind gefüllt mit Brot und Wein. Egal an welchem Ort dieser Welt und egal in welcher Sprache das Sakrament der **Eucharistie** gefeiert wird: Als Christ, der die Erstkommunion empfangen hat, weißt du, wie du mitfeiern kannst, dass Jesus Christus selbst in unserer Mitte gegenwärtig wird."

J: „Die Menschen feiern die Gemeinschaft miteinander und mit Gott. Und das tun sie auch mit Leuten, mit denen man sich an einem Samstagabend oder Sonntagvormittag sonst nicht treffen würde."

L: „Fallen dir Textzitate ein, die bei diesem Sakrament gesprochen werden?"

M2 Eucharistie

L: „Warum möchtest du das Sakrament der **Firmung** empfangen?"

J: „Momentan kann ich dazu nur sagen, dass ich von meinem Paten ein neues Fahrrad bekomme. Das ist schon cool. Warum braucht man eigentlich einen Paten und warum kommt zur Spendung des Firmsakraments extra der Bischof zu uns?"

L: „Gott und Jesus Christus kann ich mir recht gut vorstellen, aber der Heilige Geist – da wird es für mich echt schwierig. Hast du dazu eine Idee?"

M3 **Firmung**

Aufgaben

1 Macht euch auf Spurensuche im eigenen Leben: Tauscht euch über eigene Erfahrungen mit den in **M1** bis **M7** beschriebenen **Sakramenten** aus und sammelt eure Vorkenntnisse.

2 Versucht gemeinsam Antworten auf die zu den einzelnen Sakramenten gestellten Fragen zu finden. Teils müsst ihr dazu recherchieren, z.B. auf den Homepages von Pfarreien oder (Erz-)Bistümern.

J: „Wenn ich traurig bin oder mich ärgere, weil ich anderen gegenüber etwas Blödes gemacht habe, kann ich mir selbst nicht in die Augen sehen. Ich wünsche mir dann, dass sich was ändert."

L: „Vielleicht du selbst? Wenn ich ein schlechtes Gewissen habe, hilft es mir, wenn ich mit jemandem darüber reden kann. Das geht im Sakrament der Versöhnung und Buße.
Es ist so schön, wenn mir verziehen wird und ich mit Gott und der Welt wieder im Reinen bin."

J: „Hört sich echt gut an, aber kannst du dir vorstellen, dass mich das Überwindung kostet?"

M4 Versöhnung/Buße

L: „Vor ein paar Wochen haben wir mit meiner Cousine und ihrem Mann gefeiert. Sie haben sich das Sakrament der Ehe gespendet. Es war ein feierlicher Gottesdienst, bei dem mir besonders aufgefallen ist, was auch in diesem Buch erklärt wird: das deutlich hörbare Ja, das Versprechen der gegenseitigen Treue bis zum Tod, das Anstecken der Ringe, die Umwicklung der ineinander gelegten Hände der Brautleute mit der Stola des Priesters und natürlich das wunderschöne weiße Kleid der Braut. Nur mein Großonkel war völlig unromantisch: Warum sollte man eigentlich in der heutigen Zeit noch kirchlich heiraten?"

M5 Ehe

J: „Zum Sakrament der Weihe könnten wir doch unseren Priester oder den Diakon interviewen, die haben es selbst empfangen."

L: Auf dieser Internetseite steht: „Durch die Weihe werden sie z. B. in die Lage versetzt, selbst Sakramente zu spenden."

J: „Ja, gibt es da Unterschiede zwischen Bischof, Priester und Diakon darin, wer welche Sakramente spenden kann?"

M6 Weihe

J: „Als ich 11 Jahre alt war, musste ich wegen einer schweren Krankheit im Krankenhaus operiert werden. Meine Familie – und besonders auch ich selbst – hatten große Angst, denn es war nicht klar, ob ich den Eingriff überleben würde. Es war der kritischste Moment in meinem Leben. Jemand fragte uns, ob ich das Sakrament der Krankensalbung empfangen möchte. Erst dachte ich: Das machen doch nur richtig alte Leute vor ihrem Tod. Dann haben wir aber festgestellt, dass uns dieses Sakrament gestärkt und etwas von der Angst genommen hat."

L: „Das ist ja wirklich heftig. Wie läuft denn die Spendung dieses Sakraments ab?"

M7 Krankensalbung

3 Legt zur Vorbereitung von Referaten (vgl. S. 46 f.) eine Tabelle an: Nennt das Sakrament und ordnet ihm sakramentale **Zeichen** und Worte zu. Zeichnet zu jedem Sakrament ein passendes **Symbol**.

4 Vergleicht die von euch gewählten Symbole mit denen der Auftaktseite zu diesem Kapitel.

Eine Präsentation zu den Sakramenten gestalten

Für ihr Referat erstellen Jonas und Lisa eine Präsentation am Computer. Nachfolgend seht ihr Folien daraus:

Die sieben Sakramente der katholischen Kirche

M1 Folie 1: Die sieben **Sakramente** der katholischen Kirche

Allgemeines zu den Sakramenten

Sakramente sind wirksame Zeichen

der Zuwendung Gottes

und der Gemeinschaft mit Christus

in unterschiedlichen Lebenssituationen.

M2 Folie 2: Allgemeines zu den Sakramenten

Initiationssakramente

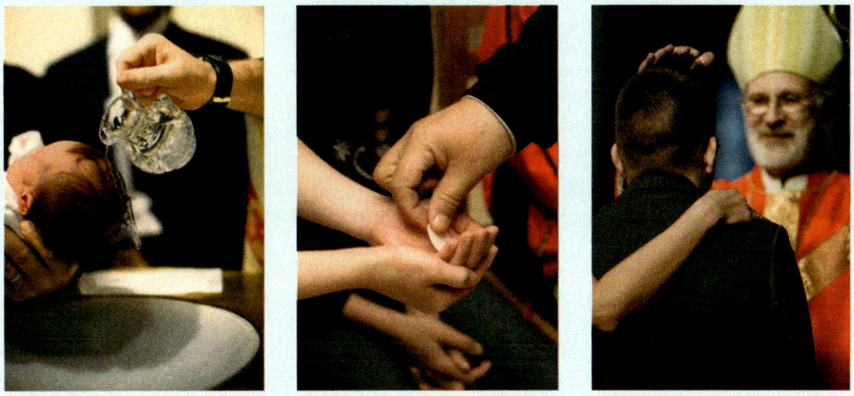

Hat man alle drei empfangen, ist man voll eingegliedert
in die katholische Gemeinschaft.

M3 Folie 3: **Initiationssakramente**, darunter versteht man die Sakramente, die den jungen Menschen Schritt für Schritt als verantwortliches Mitglied in die Gemeinschaft der Kirche einführen.

Tipps zur Anfertigung einer computergestützten Präsentation:

- Vorlage: alle Folien mit dem gleichen schlichten und hellen Hintergrund
- Gestaltung: klare Gliederung, keine überfüllten Folien, prägnante Formulierungen
- Schrift: maximal zwei verschiedene Schriftarten, angemessene Größe
- sparsamer und zielgerichteter Einsatz von Effekten und Bildern
- mehrmalige Kontrolle (Rechtschreibung, Ablauf …)
- bereits bei der Recherche: Sicherung aller verwendeten Quellen
- **Kiss** – **K**eep **i**t **s**traight and **s**imple! Halte es klar und einfach!

Die Folien der Präsentation sollen einen möglichst frei gehaltenen Vortrag unterstützen und müssen daher durch einen Zusammenhang und gute Lesbarkeit gekennzeichnet sein.

Aufgaben

1 Ordnet den einzelnen Skizzen in M1 die damit ausgedrückten Sakramente zu. Vergleicht sie mit mit den von euch selbst entworfenen **Symbolen** (vgl. S. 45 A3).

2 Wendet die Aussage in M2 auf jedes der sieben Sakramente an.

3 **Taufe** und **Firmung** (vgl. M3) sind „unauslöschliche Prägemerkmale“; das heißt auch, dass Gott immer bei uns ist, egal was uns entlang unseres Lebensweges passiert oder was wir tun. Folgert, was dies für einen Christen bedeutet.

4 Die drei Fotos in M3 zeigen wichtige Symbolhandlungen zu den drei Initiationssakramenten. Benennt diese jeweils und erklärt ihre Bedeutung.

5 Lisa überlegt, zur Ergänzung ihres Vortrags ihre Kommunionkerze mitzubringen. Nehmt selbst Symbole zu den verschiedenen Sakramenten in den Unterricht mit und stellt sie anschließend der Klasse vor.

6 Auf den folgenden Seiten dieses Kapitels findet ihr weitere Informationen zu den Sakramenten Eucharistie und Firmung. Erstellt dazu selbst computergestützte Präsentationsfolien und präsentiert sie anschließend vor der Klasse. Diskutiert am Ende vergleichend eure Ergebnisse.

Gemeinschaft mit Christus in der Gemeinschaft der Glaubenden

Im Rahmen der Firmvorbereitung besuchen Lisa und Jonas mit der Firmgruppe einen Gottesdienst:

„Oh Mann! Was für ein Stress! Eigentlich hätte ich gerne mein Computerspiel weitergezockt und dann dieser Gottesdiensttermin! Vati sitzt am Schreibtisch und mein großer Bruder hat mich eine Minute vor 10 Uhr vor der Kirche abgesetzt."	Martin merkt, wie sein Herz nicht mehr so hektisch klopft, als alle gemeinsam den Gottesdienst mit dem Kreuzzeichen beginnen. Der Jugendchor singt ein ruhiges Lied zum Einzug. Der Priester begrüßt die Gemeinde: „Der Herr sei mit euch."
Zum Glück muss Kevin heute nicht neben Liam sitzen. Seit sie „aus Gaudi" dessen Mütze durch Klassenzimmer geworfen haben und der Lehrer sie „einkassiert" hat, ist Liam echt sauer auf ihn. Doch eigentlich haben ja die anderen angefangen.	Kevin ist überrascht, als die Gottesdienstbesucher ein allgemeines Schulbekenntnis sprechen und Gott im Kyrie um sein Erbarmen bitten. Er wünscht sich, dass es ihm gelingen wird, Liam um Entschuldigung zu bitten, und dass er ihm verzeiht.
Mila ist traurig. Ihr gehen die Bilder aus den Nachrichten gestern Abend nicht aus dem Kopf: die Bomben, die schreienden Menschen, die überfüllten Flüchtlingscamps …	Beim Glorialied „Ehre sei Gott und Friede auf Erden den Menschen seiner Gnade" und beim Tagesgebet fragt sie sich, warum wir tatsächlich nicht mehr dafür tun, dass es Frieden wird.
Emil gähnt: Er ist noch müde. Er weiß, dass jetzt erst einmal die Lesungen, das **Evangelium** und die Predigt kommen und der Herr Pfarrer predigt manchmal echt lang.	Heute horcht er aber interessiert auf: Seine Nachbarin Frau Schwarz liest als Lektorin. In den Texten geht es um Nächstenliebe und Engagement – wie auch Jesus es in Worten und Taten vorgelebt hat.
Alexander tut sich mit dem Glaubensbekenntnis schwer: Er zweifelt an Gott und sieht vieles an der Kirche sehr kritisch.	
Fürbitten	
Gabenbereitung	
Samira denkt an Philipp: „He du Opfer!" riefen ihn die Jungs aus der 8. Klasse, rissen ihm die Schultasche herunter, leerten sie aus und lachten ihn aus. Und sie selbst stand bei ihren Freundinnen, tuschelte und ging weg.	Im Hochgebet erinnern sich die Christen daran: Der Weg Jesu bis in den gewaltsamen Tod war die Konsequenz seiner unbeirrbaren Liebe zu den Menschen. Gott will nicht, dass Menschen zu Opfern gemacht werden. Das ermutigt, alles Unrecht beim Namen zu nennen und entschieden dagegen aufzustehen.
Vater unser	
Luca blickt sich um: Seine Eltern haben gestern wieder heftig gestritten. Jetzt „müssen" sie sich zum Friedensgruß die Hände geben. Es kostet sie sichtlich Überwindung.	Vielleicht tun sie dies nach dem Friedensgebet des Priesters nicht einfach nur nach außen hin und gedankenlos. Luca hofft, dass es ihnen gelingt, sich zu versöhnen, und gibt Mila die Hand.
Brotbrechen, Kommunion, Dankgebet	
Luisa beißt sich auf die Lippe: Wie wird die nächste Woche werden? Wahrscheinlich wird die Schulaufgabe nur wieder eine schlechte Note. Was ist, wenn ich sitzen bleibe oder auf die Realschule wechseln muss? Meine Mama wird mich ewig dafür hassen.	„Der Herr sei mit euch." – Ja, wenn Gott Luisa im Alltag begleitet, dann schreibt er natürlich nicht die Schulaufgabe für sie. Aber egal was kommt – Gott verspricht, dass letzten Endes alles gut werden wird.

M1 Gedanken von Jugendlichen während des Ablaufs der Eucharistiefeier

Denn wo zwei oder drei in meinem Namen versammelt sind, da bin ich mitten unter ihnen.

M2 Mt 18,20

M3 Heilige Messe feiernde Gemeinde

M4 Berlin, 23. Juni 1996: Heilige Messe im voll besetzen Olympiastadion mit Papst Johannes Paul II.

LITURGIE ist immer zuerst Gemeinschaft mit Jesus Christus.
Jeder Gottesdienst, nicht nur die Eucharistiefeier, ist ein Osterfest im Kleinen. Jesus feiert mit uns den Übergang vom Tod zum Leben und eröffnet ihn.

M5 Auszug aus dem Youcat, Nr. 171

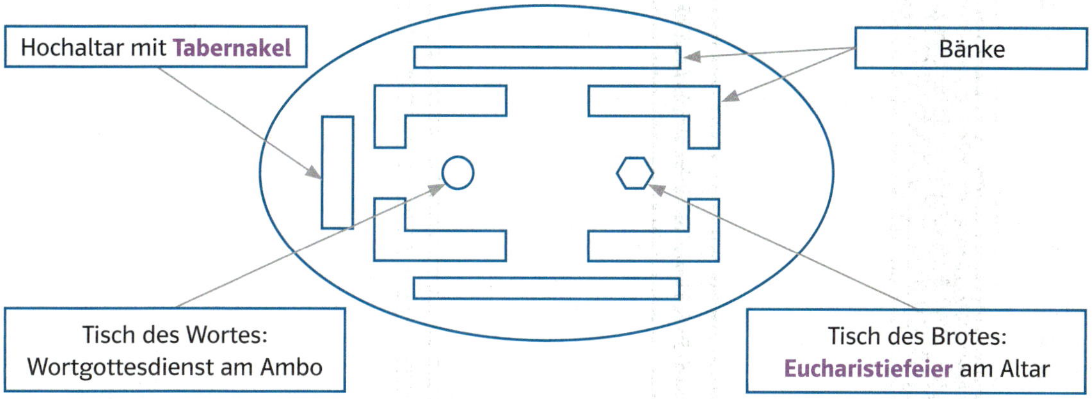

M6 Der Gemeinschaft Raum geben: Grundrissentwurf eines Kircheninnenraums

Aufgaben

1 Vergleicht die subjektiven Eindrücke und Gedanken der jugendlichen Gottesdienstbesucher in M1 mit euren eigenen Gottesdiensterfahrungen.

2 Erstellt mithilfe des Glossars, dem Internet oder dem Gotteslob (hier Nr. 581–591) eine tabellarische Übersicht zum Aufbau der Messfeier. Ordnet dabei die Texte aus M1 sowie die Bildelemente aus M3 den einzelnen Abschnitten der Eucharistiefeier zu.

3 Olympische Wettkämpfe, Fußballspiele oder Konzerte – diskutiert mit Bezugnahme auf M2 bis M6, was religiöse Feiern mit solchen Events gemeinsam haben und was sie unterscheidet.

4 Anders als in M4 ersichtlich finden Gottesdienste meist in eigens dafür geschaffenen Räumen statt. Vergleicht die Position von Ambo und Altar im Grundrissentwurf eines modernen Kircheninnenraums M6 mit euch bekannten Kirchen. Beschreibt und deutet die Besonderheiten der Grundrissgestaltung.

Eucharistie – Mitte christlichen Lebens

M1 Salvador Dalí: Die Einsetzung der Eucharistie (Biblia sacra, Bilder zur Bibel)

› Der Maler Salvador Dalí verbindet mehrere Techniken in diesem Kunstwerk. In der Rötelzeichnung zitiert Dalí die Abendmahlsszene Leonardo da Vincis: [...] Hier ereignet sich etwas wie ein „Urknall", eine Neuschöpfung. Wo die Sprache an Grenzen gelangt, lässt Dalí mit seiner Kunst das „Geheimnis des Glaubens" erspüren. ‹

M2 Erläuterungen zu „Die Einsetzung der Eucharistie"

Aufgaben

1 Beschreibt M1 und benennt Aspekte, die euch überraschen.

2 Lest einen der Einsetzungsberichte, die vom letzten Abendmahl erzählen: Mt 26,26-29; Mk 14,22-25; Lk 22,17-20 und 1 Kor 11,23-26. Verortet das Geschehen im Kontext von Leiden, Sterben und Auferstehung Jesu Christi. Findet mithilfe des Gotteslobs (Nr. 580–592) heraus, an welcher Stelle des Gottesdienstes darauf Bezug genommen wird.

❯ Es gibt Hunger nach gewöhnlichem Brot, aber es gibt auch Hunger nach Liebe, Güte und gegenseitiger Achtung – und das ist die große Armut, unter der die Menschen heute so sehr leiden. ❮

M3 Zitat der Heiligen Teresa von Kalkutta, genannt Mutter Teresa

Wer mein Fleisch isst und mein Blut trinkt, der bleibt in mir und ich bleibe in ihm. Wie mich der lebendige Vater gesandt hat und wie ich durch den Vater lebe, so wird jeder, der mich isst, durch mich leben.

M5 Joh 6,56 f.

Brot und Wein sind Realsymbol für Leib und Blut Christi. Der Begriff Realsymbol meint, dass das **Symbol** tatsächlich das ist, wofür es steht.

❯ „Das ist mein Leib ..., das ist mein Blut ...“ bedeutet im semitischen Verständnis nichts anderes als „Das bin wirklich ich.“ „Wir sagen – nach dem Glauben der katholischen Kirche –: Brot und Wein werden ‚verwandelt‘, werden Christus selbst, wenn der Priester die ‚Wandlungsworte‘ spricht. Was ist damit gemeint? Materiell gesehen bleibt das Brot, was es ist. Es sieht aus wie Brot, schmeckt wie Brot, bleibt seiner chemischen Zusammensetzung nach Brot. An der materiellen Wirklichkeit ändert sich nichts. Es gibt aber noch eine tiefere geistige Wirklichkeit eines jeden Dinges: das Eigentliche, die tiefere Bedeutung, das Wesen, das naturwissenschaftlichem Erkennen unzugänglich ist. In diesem Bereich geschieht die ‚Wandlung‘ von Brot und Wein: Die materiellen Dinge bekommen durch das Wort des Herrn eine neue Bedeutung, ja sie werden im eigentlichen Sinn umgewandelt: Was normalerweise nur dem Körper als Nahrung dient, wird durch die göttliche Macht Jesu Christi zum Träger der wirklichen Gegenwart des Auferstandenen mit der neuen Bestimmung, Nahrung zu sein für das Leben der Glaubenden. ❮

M6 Erklärung zur Wandlung

❯ Menschen haben auch einen seelischen Hunger, der nicht mit materiellen Mitteln zu stillen ist. Man kann sterben an Mangel an Brot; man kann aber auch sterben, weil man nur Brot bekommen hat. In der Tiefe werden wir genährt durch den, der „Worte des ewigen Lebens“ (Joh 6,68) hat und eine Speise, die nicht verdirbt (Joh 6,27) – die heilige Eucharistie. ❮

M4 Youcat, Nr. 523

M7 **Monstranz**

❯ Christus ist im **Sakrament** der Eucharistie geheimnisvoll, aber wirklich gegenwärtig. Sooft die Kirche den Auftrag Jesu „Tut dies zu meinem Gedächtnis“ (1 Kor 11,25) vollzieht, das Brot bricht und den Kelch darreicht, ereignet sich heute dasselbe, was sich damals ereignet hat: Christus gibt sich wahrhaft hin für uns, und wir gewinnen wahrhaft Teil an ihm. Das einmalige und unwiederholbare Kreuzesopfer Christi wird auf dem Altar gegenwärtig; es vollzieht sich das Werk unserer Erlösung. ❮

M8 Youcat, Nr. 216

---

3 Erklärt unter Zuhilfenahme von **M3** bis **M6** die Begriffe „Brot“ und „Wein“ im Zusammenhang mit der Eucharistie.

4 Bestimmt das Besondere im Umgang mit der gewandelten Hostie anhand von **M7** und begründet die Notwendigkeit eines **Tabernakels** im Altarraum. Recherchiert, warum es in evangelischen Gotteshäusern keinen Tabernakel gibt.

5 Deutet abschließend die Darstellung **M1** mithilfe von **M2** bis **M8**.

Firmung – Übergang zum Erwachsensein

M1 Balanceakt

Aufgaben

1 Verfasst eigene Denk- und Sprechblasen wie in M1, die zum Ausdruck bringen, mit welchen Fragen und Anforderungen ihr auf dem Weg zum Erwachsensein konfrontiert seid.

2 Wählt einzelne Denk- und Sprechblasen aus M1 und Aufgabe 1 aus. Formuliert dazu auf Basis eurer eigenen Erfahrungen Tipps, um den Übergang zum Erwachsensein zu meistern.

› Die **Firmung** gehört mit der **Taufe** und der Erstkommunion zu den sogenannten **Initiationssakramenten**. Mit anderen Worten: Hast du alle drei **Sakramente** empfangen, bist du voll eingegliedert in die katholische Gemeinschaft. Christ bist du natürlich schon durch die Taufe geworden. Bei der Taufe waren es aber noch deine Eltern und dein Pate / deine Patin, die stellvertretend für dich „Ja" zum christlichen Glauben gesagt haben. Bei der Firmung ist die eigene Entscheidung gefragt. Man könnte auch sagen: Die Taufe legt den Grundstein des Christseins, die Firmung baut darauf auf, vertieft und entfaltet den Glauben. ‹

M2 Wieso, weshalb, warum? Informationen des Bistums Münster zur Firmung

Bei der Erwachsenentaufe erfolgt die Firmung unmittelbar im Anschluss an die Taufe. Auch hier befähigt und bestärkt die Gabe des Heiligen Geistes darin, den Glauben nach außen zu vertreten und zu bekennen.

› Das Sakrament der Firmung wird in der Regel durch einen Bischof gespendet. Jugendbischof Stefan Oster antwortete in einem Interview auf die Frage, inwiefern das Motiv der jugendlichen Seiltänzerin ein Bild für das Glaubensleben der Firmlinge sein kann: Die junge Frau hängt ja durchaus in der Luft, ein Bild für das Jugendalter: Wir fragen uns als junge Menschen, wohin wir gehören, wohin wir gehen. Wer ist verlässlich, was hält mich? Und sie geht auf diesem Spalt, sie überbrückt ihn – ein Bild für die Übergangszeit des Jugendlichen. Aber sie wird von oben gehalten. Man spürt auch: Im Grunde kann nichts passieren. Das ist ein sehr schönes Bild: Wenn wir wirklich innerlich bei Gott zuhause sind, kann uns nichts passieren. Egal, was kommt. ‹

M3 Auszug aus einem Interview mit Bischof Dr. Stefan Oster zur Firmung

› Chrisam ist das Öl der Königssalbung. In Israel wurden damit Könige, Priester und Propheten gesalbt zum Zeichen, dass Gottes Segen auf ihnen ruht und dass sie von Gott her eine neue Autorität bekommen haben. Durch die Salbung kommt zum Ausdruck, dass wir königliche, prophetische und priesterliche Menschen sind, dass auf uns der Segen Gottes ruht. Wir sind Menschen mit einer unantastbaren Würde. Und jeder Mensch ist einmalig – ein einzigartiges Wesen Gottes. ‹

M4 Die Salbung mit Chrisamöl

M5 Handauflegung und Salbung

3 Zeigt anhand von M2 bis M5 Möglichkeiten auf, auf welche Weise das **Sakrament der Firmung** euch auf dem Weg des Erwachsenwerdens bestärken kann und dazu anregt, selbst Verantwortung zu übernehmen.

4 Findet in eurem Bekanntenkreis Personen, die Firmpate sind, und befragt sie über ihre Erfahrungen und über die Bedeutung dieses Amtes. Ergänzt die dabei gewonnenen Informationen ggf. durch zusätzliche Recherchen.

5 Entwickelt kurze pantomimische Szenen, die zeigen, wie Jugendliche Verantwortung übernehmen können. Spielt sie der Klasse vor und tauscht euch darüber aus.

Die Feier der Firmung

Der Name **Firmung** leitet sich vom lateinischen *confirmatio* her, was im Sinne von Stärkung zu verstehen ist. Das **Sakrament** soll junge Menschen in ihrem Christsein bestärken. Die Kraft des Heiligen Geistes ermutigt, Verantwortung für die Mitmenschen und auch für sich selbst zu übernehmen.

ERÖFFNUNG
Prozession zum Einzug

WORTGOTTESDIENST
Lesungen und Antwortpsalm
Vorstellung der Firmlinge
Predigt oder ein Gespräch

Taufbekenntnis

SPENDUNG DER FIRMUNG

Einladung aller zum Gebet für die Firmlinge

Ausbreiten der Hände über die Firmlinge (zum Ausdruck der Herabrufung des Heiligen Geistes) und feierliches Gebet um die sieben Gaben des Heiligen Geistes:
Weisheit, Einsicht, Rat, Erkenntnis, Stärke, Gottesfurcht und Frömmigkeit

Die Firmlinge treten einzeln vor.
Der Pate/die Patin legt dem Firmling die rechte Hand auf die Schulter.

Worte des Bischofs zur Chrisamsalbung: „(Name des Firmlings), sei besiegelt durch die Gabe Gottes, den Heiligen Geist." Der/Die Neugefirmte antwortet: „Amen."

Der Bischof zeichnet jedem Firmling mit Chrisam ein Kreuz auf die Stirn, legt ihm die Hand auf und spricht den Friedensgruß.

FÜRBITTEN

EUCHARISTIEFEIER

ABSCHLUSS mit feierlichem Schlusssegen

M1 Ablauf des Firmgottesdienstes im Rahmen einer Messfeier

Bischof: *Widersagt ihr dem Satan und all seiner Verführung?*
Firmlinge (gemeinsam): ***Ich widersage.***

Glaubt ihr an Gott, den Vater, den Allmächtigen, den Schöpfer des Himmels und der Erde? ***Ich glaube.***

Glaubt ihr an Jesus Christus, seinen eingeborenen Sohn, unsern Herrn, der geboren ist von der Jungfrau Maria, der gelitten hat und begraben wurde, von den Toten auferstand und zur Rechten des Vaters sitzt? ***Ich glaube.***

Glaubt ihr an den Heiligen Geist, der Herr ist und lebendig macht, der, wie einst den Aposteln am Pfingstfest, so heute euch durch das Sakrament der Firmung in einzigartiger Weise geschenkt wird?
Ich glaube.

Glaubt ihr an die heilige katholische Kirche, die Gemeinschaft der Heiligen, die Vergebung der Sünden, die Auferstehung der Toten und das ewige Leben?
Ich glaube.

Das ist unser Glaube, der Glaube der Kirche, zu dem wir uns in Jesus Christus bekennen.

M2 Text des Taufbekenntnisses

Aufgaben

1. Bestimmt mittels M1 und M2 die Elemente des Firmgottesdienstes, die sich von einer Messfeier an einem gewöhnlichen Sonntag im Kirchenjahr unterscheiden.
2. Benennt die Symbolhandlungen während des Ablaufs der Firmung (vgl. M1) und erschließt deren Bedeutung.
3. Lest die Ereignisse des ersten Pfingstfestes in der Bibel in Apg 2,1-13 nach. Beschreibt die Wirkung des Heiligen Geistes und die sich daraus ergebenden Konsequenzen für die Apostel. Bezieht euch dazu auch auf M1 und M2.
4. Erörtert in der Klasse Gründe, die dafür sprechen, dass sich ein getaufter Jugendlicher firmen lassen sollte. Nehmt dabei auch Bezug auf M3.

›Was antworten Sie Jugendlichen auf die Frage „Warum soll ich mich firmen lassen?“
Bischof Oster: „Weil ich glaube, dass uns Gott durch seinen Heiligen Geist wirklich helfen will. Er liebt uns mit unendlicher Liebe. Aber er will auch, dass wir im Herzen offen und bereit werden, dass wir innerlich spüren lernen, dass er da ist, dass wir ihm wirklich vertrauen können, dass er uns nie verlässt. [...] Aber wir brauchen auch Menschen in der Kirche, die den Jugendlichen helfen, dieses Wirken zu erkennen und dann auch mitzuwirken.“

Was möchten Sie den Firmlingen mit auf den Weg geben?
Bischof Oster: „Ich möchte ihnen wünschen, dass sie auf dem Weg zur Firmung wirklich auch eine echte Erfahrung von Kirche machen dürfen, von einer Gemeinschaft, in der sie spüren: [...] hier ist ein besonderer Geist, eine besondere Menschlichkeit, ein besonderes Gottvertrauen spürbar. Das wäre dann schon so etwas wie eine Erfahrung des Geistes Gottes, der uns ja als Kirche zusammenführt in der Gemeinschaft und im Glauben. Und ich wünsche den jungen Leuten, dass sie dann dranbleiben, dass die Firmung nicht die letzte Begegnung mit Kirche sein wird für die nächsten vielen Jahre. Ich wünsche ihnen, dass sie überzeugende Christinnen und Christen erleben, die ihnen zeigen, wie großartig es ist, glauben zu dürfen, an Christus glauben zu dürfen. Ich denke, das ist in unserem Leben das Wesentliche überhaupt: Christus kennen lernen und ihn ins Herz schließen .‹

M3 Auszug aus einem Interview des Bonifatiuswerkes mit Bischof Dr. Stefan Oster zur Firmung

M4 Glückwunschkarte zur Firmung

Jugendweihe: Übergangsritus für Jugendliche

Die sogenannte Jugendweihe ist eine säkulare, d.h. weltliche Feier des Übergangs von der Kindheit in die Welt der Erwachsenen. Sie ist eine öffentliche Veranstaltung mit Gratulation und Reden – organisiert durch Jugendweihevereine und mit Rahmenprogramm. Für diese ist eine Teilnahmegebühr (in Höhe von ca. 150 Euro für die Teilnehmer und mehrere Gäste) zu entrichten. Zur Jugendweihe gehört auch eine Familienfeier mit Geschenken (v.a. Geld), Vorbereitungsveranstaltungen und meist eine Abschlussreise. Die Jugendlichen sind etwa 14 Jahre alt.

M5 Fakten zur Jugendweihe

M6 Glückwunschkarte zur Jugendweihe

›*Dann ertönte Musik und wir gingen hinein. Tosender Beifall begleitete uns zu unseren Sitzen und ich weiß noch genau, wie ich stolz und peinlich berührt zugleich war. Die Show, die uns dann geboten wurde, war nicht nur gut durchdacht, sondern bot auch eine familiäre Atmosphäre, besonders bei der Übergabe der Urkunden, Bücher und Blumen.*‹

M7 Erfahrungsbericht eines Teilnehmers an einer Jugendweihefeier

›Vor etwa 160 Jahren riefen freireligiöse Gemeinden [...] die Jugendweihe als Alternative zu kirchlichen Ritualen ins Leben. Haben 1955 an der ersten DDR-Jugendweihe noch 17 Prozent aller Achtklässler teilgenommen, stieg ihre Zahl in wenigen Jahren auf 97 Prozent, denn sie wurde zur Zwangsveranstaltung mit verpflichtender Teilnahme.‹

M8 J. Schiemenz: Geschichte der Jugendweihe

5 Vergleicht die Wünsche in **M3** mit den Erfahrungen der Apostel in Apg 2,1-13.

6 Diskutiert Gemeinsamkeiten und Unterschiede zwischen Firmung und Jugendweihe.

7 Stellt heraus, auf welche Weise die Glückwunschkarte zur Firmung (**M4**) mit ihren **Symbolen** die Bedeutung dieses Sakraments zum Ausdruck bringt. Gestaltet selbst eine solche Karte.

Stadtpilgern – ein Ge(h)-Bet versuchen

Zeichen, Symbole und Spuren Gottes im Alltag entdecken

M1 Stadtpilgerin

M2 „symbolträchtige" Orte zum Erkunden

Gott ist da – auch in unserer Stadt. Um seine Spuren im Alltag zu entdecken, müssen wir aber genau hinschauen, uns auf die Suche machen und uns Fragen stellen. Vielleicht müssen wir auch unseren Blickwinkel ändern und beginnen, diese Spuren als Hinweise auf seine Anwesenheit zu deuten. Nur wer aufbricht, wer sich auf den Weg macht und Menschen begegnet, wird Neues in den Blick nehmen können und daraus Impulse für den persönlichen Lebensweg erhalten.

> Guter Gott, schenke mir ein waches Auge und ein offenes Herz, damit ich dich erkenne in meinem Alltag und in meinem Nächsten. Sei bei mir auf meinem Weg und halte segnend deine schützende Hand über mich. Amen.

M3 Pilgergebet

Aufgaben

Macht euch wie Jonas und Lisa (vgl. M1) selbst auf den Weg, um eure Stadt auf Zeichen, Symbole und Spuren Gottes im Alltag zu untersuchen. Ihr könnt dazu aus den in M2 genannten Orten wählen bzw. weitere ergänzen, z. B. eine Bibliothek, ein Krankenhaus oder Pflegeheim.

- Teilt euch in Gruppen auf: Erstellt zuerst einen Stadtplan, in den ihr einzeichnet, welche Orte ihr aufsuchen wollt.
- Beginnt, wenn ihr mögt, mit einem Gebet mit Segensformel wie in M3.
- Vor Ort tragt ihr dann in diesen Plan ein, welche Zeichen, Symbole und Ausdrucksformen des Glaubens ihr finden konntet. Unterscheidet dabei die einzelnen Kategorien durch die Verwendung unterschiedlicher Farben.
- Ihr könnt unterwegs natürlich auch Menschen befragen.
- Tauscht euch anschließend über eure Entdeckungen aus und reflektiert diese.

Das Markusevangelium – verheißungsvolle Botschaft vom Reich Gottes

3

Die gute Nachricht aufschreiben

Die Vorsehung, die alle Belange unseres Lebens herrlich ordnet, zeigte Eifer und Ehrgeiz und ließ dem Leben die vollkommenste Wohltat zuteilwerden: Sie sandte Augustus, den sie zum Wohl der Menschen mit Tugend erfüllte, in der Meinung, dass sie uns und unseren Nachkommen den Heiland schenkte, der den Krieg beendet hat und den Frieden ordnen wird. Der Kaiser aber übertraf durch sein Erscheinen die Hoffnungen aller, die vorher Evangelien erhalten hatten. Denn er überbot nicht nur alle Wohltäter, die vor ihm geboren wurden, sondern er ließ auch unter den nach ihm Lebenden keine Hoffnung auf eine weitere Steigerung. Aber für die Welt brach durch die Evangelien der Geburtstag des Gottes an.

M1 Kalenderinschrift von Priene

Der christlich geprägte Leser hat spätestens bei dem Wort „**Evangelien**“ das Gefühl, dass es in diesem berühmten Text eigentlich um Jesus Christus gehen müsste. Nur die Nennung des ersten römischen Kaisers Augustus stört – neben der Tatsache, dass diese sogenannte „Kalenderinschrift von Priene“, die Ende des 19. Jahrhunderts in der gleichnamigen Stadt in der heutigen Türkei gefunden wurde, aus dem Jahr 9 n. Chr. stammt und damit ca. 60 Jahre früher entstanden ist als das älteste christliche Evangelium.
Schon bevor Markus sich als Erster daranmacht, das zu schreiben, was man heute im Allgemeinen darunter versteht, gibt es den Begriff „Evangelium“. Er kommt vom griechischen Wort εὐαγγέλιον und heißt wörtlich übersetzt „gute Nachricht“ oder „frohe Botschaft“. Wenn die Bevölkerung des Römischen Reiches diesen Ausdruck hört, weiß sie: Es wird Positives verkündet aus dem Kaiserhaus. In der oben zitierten „Kalenderinschrift von Priene“ ist der Geburtstag des Augustus der konkrete Anlass für Lobeshymnen.
Als Markus um 70 n. Chr. sein Evangelium schreibt, gibt es auch andere „Evangelien“, v. a. über den römischen Kaiser Vespasian: Ihm gelingt nach bedeutenden militärischen Siegen der fast märchenhafte Aufstieg vom Sohn eines Steuereintreibers über die Position eines Feldherrn zum Kaiser.
Den Hörern dieser „guten Nachricht“ von der Ausrufung Vespasians zum Kaiser muss 69 n. Chr. im ganzen Römischen Reich fürwahr ein Stein vom Herzen gefallen sein: Denn von ihm erhoffen sie sich Ruhe und Frieden angesichts der bürgerkriegsähnlichen Zustände, zu denen der Selbstmord Neros im Jahr 68 geführt hat. Drei Anwärter auf den Kaiserthron kämpfen nämlich in der Folge um die Vorherrschaft und lähmen dadurch das ganze Reich. Als Vespasian nun vom Senat am 21. Dezember 69 n. Chr. als Kaiser bestätigt wird, scheint ein neues Zeitalter angebrochen, in dem die alte Ordnung wiederhergestellt ist und eine glänzende Zukunft bevorsteht.

M3 Münze mit dem Abbild des Kaisers Augustus, um 15 v. Chr. Aufschrift: „AVGVSTVS DIVIF[ILIVS]“

Aufgaben

1 Arbeitet aus M1 heraus, welche üblicherweise mit Jesus Christus in Verbindung gebrachten Eigenschaften hier auf Augustus angewendet werden.

2 Charakterisiert anhand von M2 die Reaktion auf die Ausrufung von Vespasian zum Kaiser. Berücksichtigt dabei auch die Vorgeschichte.

3 Erschließt aus M4, wie Markus gleich am Anfang die Besonderheit Jesu deutlich macht.

Über die Reaktionen auf Vespasian berichtet der jüdische Geschichtsschreiber Flavius Josephus:

> Von Vespasian bereits bevollmächtigt, alle Anstalten zur Befestigung der neuen Herrschaft zu treffen, machte sich Alexander [der Prokurator, eine Art kaiserlicher Verwalter, in Alexandrien] nunmehr daran, auch seiner Person einen entsprechenden Empfang zu bereiten.
> Über Erwarten schnell verbreitete sich allerorts das Gerücht von dem im Oriente auftauchenden Kaiser: jede Stadt hielt Freudenfeste für diese Botschaft und brachte Bittopfer für das Wohl des Kaisers dar.
> [...] Vespasian brach nun von Cäsarea auf und begab sich nach Berytus. Hier erschienen vor ihm bereits viele Gesandtschaften, von Syrien sowohl wie von den andern Provinzen, um ihm im Namen der einzelnen Städte goldene Kränze und Glückwunschadressen zu überreichen.

M2 Flavius Josephus, Jüdischer Krieg

Ein Makel lastet jedoch auf dem kometenhaften Aufsteiger Vespasian: Im Gegensatz zu seinen Vorgängern entstammt er weder dem römischen Hochadel noch kann er sich „**Gottes Sohn**" nennen. Es fehlt aufgrund der politischen Wirren im Vorfeld schlichtweg an der Voraussetzung: Sein Vorgänger ist nicht vergöttlicht worden, Vespasian selbst somit kein „divi filius", kein „Gottes Sohn". Vom eingangs erwähnten Kaiser Augustus existieren zahlreiche Belege, dass er diesen prestigeträchtigen Titel zu Lebzeiten führt und für Propagandazwecke einsetzen lässt.
So beginnt Markus sein zu dieser Zeit und in diesem Umfeld geschriebenes Evangelium gleich mit einem Paukenschlag:

1 Anfang des Evangeliums von Jesus Christus, Gottes Sohn. 2 Wie geschrieben steht beim Propheten Jesaja –
Siehe, ich sende meinen Boten vor dir her, der deinen Weg bahnen wird. 3 Stimme eines Rufers in der Wüste:
Bereitet den Weg des Herrn! Macht gerade seine Straßen! –, 4 so trat Johannes der Täufer in der Wüste auf und
verkündete eine Taufe der Umkehr zur Vergebung der Sünden. 5 Ganz Judäa und alle Einwohner Jerusalems zo-
gen zu ihm hinaus; sie bekannten ihre Sünden und ließen sich im Jordan von ihm taufen. 6 Johannes trug ein
Gewand aus Kamelhaaren und einen ledernen Gürtel um seine Hüften und er lebte von Heuschrecken und wil-
dem Honig. 7 Er verkündete: Nach mir kommt einer, der ist stärker als ich; ich bin es nicht wert, mich zu bücken
und ihm die Riemen der Sandalen zu lösen. 8 Ich habe euch mit Wasser getauft, er aber wird euch mit dem Hei-
ligen Geist taufen. 9 Und es geschah in jenen Tagen, da kam Jesus aus Nazaret in Galiläa und ließ sich von Jo-
hannes im Jordan taufen. 10 Und sogleich, als er aus dem Wasser stieg, sah er, dass der Himmel aufriss und der
Geist wie eine Taube auf ihn herabkam. 11 Und eine Stimme aus dem Himmel sprach: Du bist mein geliebter
Sohn, an dir habe ich Wohlgefallen gefunden. 12 Und sogleich trieb der Geist Jesus in die Wüste. 13 Jesus blieb
vierzig Tage in der Wüste und wurde vom Satan in Versuchung geführt. Er lebte bei den wilden Tieren und die
Engel dienten ihm. 14 Nachdem Johannes ausgeliefert worden war, ging Jesus nach Galiläa; er verkündete das
Evangelium Gottes 15 und sprach: Die Zeit ist erfüllt, das Reich Gottes ist nahe. Kehrt um und glaubt an das
Evangelium!

M4 Mk 1,1-15

---

4 Die frühen Christen lehnten den römischen Kaiserkult ab, in dem lebende und verstorbene Herrscher als göttlich verehrt wurden. Stellt Kaiser Vespasian und Jesus Christus mithilfe von **M3** und **M4** gegenüber.

5 Sammelt Beispiele, aus denen deutlich wird, dass auch heute die Hoffnung auf eine bessere Zukunft an bestimmte Personen geknüpft wird. Überlegt, an wen ihr diese Hoffnung knüpft.

Die gute Nachricht verbreiten – Entstehung der Evangelien

Die Frage nach der Entstehung der Evangelien kommt schon sehr früh auf. Für den Evangelisten Markus beantwortet der spätantike Theologe und Geschichtsschreiber Eusebius von Cäsarea (260/264–339/340) diese Frage, indem er sich auf zwei ältere Quellen beruft:

Markus hat die Worte und Taten des Herrn, an die er sich als Dolmetscher des Petrus erinnerte, genau, allerdings nicht ordnungsgemäß, aufgeschrieben. Denn nicht hatte er den Herrn gehört und begleitet; wohl aber folgte er später, wie gesagt, dem Petrus, welcher seine Lehrvorträge nach den Bedürfnissen einrichtete, nicht aber so, dass er eine zusammenhängende Darstellung der Reden des Herrn gegeben hätte. Es ist daher keineswegs ein Fehler des Markus, wenn er einiges so aufzeichnete, wie es ihm das Gedächtnis eingab. Denn für eines trug er Sorge: nichts von dem, was er gehört hatte, auszulassen oder sich im Berichte keiner Lüge schuldig zu machen. So berichtete Papias über Markus.

M1 Eusebius von Cäsarea, Kirchengeschichte (Drittes Buch)

So sehr erleuchtete das Licht der Religion die Herzen der Zuhörer des Petrus, dass sie sich nicht damit begnügen wollten, ihn ein einziges Mal nur gehört zu haben, sie wollten von der Lehre seiner göttlichen Predigt auch Aufzeichnungen besitzen. Daher wandten sie sich mit verschiedenen Bitten an Markus, den Verfasser des **Evangeliums**, den Begleiter des Petrus, er möchte ihnen schriftliche Erinnerungen an die mündlich vorgetragene Lehre hinterlassen. Und sie standen nicht eher von den Bitten ab, als bis sie den Mann gewonnen hatten. So wurden sie die Veranlassung zum sogenannten Markusevangelium.

M2 Eusebius von Cäsarea, Kirchengeschichte (Zweites Buch)

Die verheißungsvolle Botschaft vom **Reich Gottes** verkündet Jesus ab ca. 30 n. Chr. als Wanderprediger. Aufgeschrieben hat er nichts davon. Nach seinem Tod um 33 n. Chr. erzählen seine Anhänger – viele davon sind Augenzeugen – die Worte und Taten Jesu zunächst mündlich weiter. Die ersten dieser Augenzeugen sind um 50 n. Chr. bereits tot. Daher entsteht der Wunsch, dass die Geschichten aus Jesu Leben, von seinem Tod und seiner Auferstehung nicht verlorengehen. So beginnen einige seiner Anhänger damit, einzelne Teile

Aufgaben

1 Erschließt aus M1 und M2 erste Hinweise darauf, warum man begonnen hat, Evangelien zu verfassen.

2 Erstellt anhand der Informationen auf dieser Doppelseite einen Zeitstrahl zur Entstehung der Evangelien.

3 Vergleicht diese Informationen mit den Angaben von M1 und M2 .

der Lebensgeschichte Jesu und seiner Botschaft aufzuschreiben, die sie in verschiedenen Predigten gehört haben. Kleinere Sammlungen dieser Einzelüberlieferungen, z. B. über Aussprüche Jesu oder seine Wunder, werden in Gottesdiensten frühchristlicher Gemeinden benutzt. Nach dem Tod der Apostel und Jünger machen sich die vier Evangelisten Markus, Matthäus, Lukas und Johannes zwischen 70 und 100 n. Chr. daran, die vorhandenen mündlichen und schriftlichen Überlieferungen über Jesus zu sammeln, zu prüfen und zu vergleichen, zu ordnen und aufzuschreiben.
Hierbei werden die einzelnen Quellen von den Evangelisten unter persönlicher Schwerpunktsetzung strukturiert, bearbeitet und mit eigenen Worten verbunden. So entsteht durch Markus um 70 n. Chr. die erste durchgehende Darstellung des Lebens Jesu von seiner **Taufe** im Jordan über seinen Tod bis zu seiner Auferstehung. Matthäus und Lukas folgen ca. 80 bis 85 bzw. 85 bis 90, der Evangelist Johannes bildet um 100 n. Chr. den Abschluss.

In der 5. Jahrgangsstufe habt ihr bereits einen Blick auf den Schreibtisch des Markus geworfen und dabei festgestellt: Die Arbeit eines Evangelisten ist nicht einfach. Er hat verschiedene Überlieferungen aus dem Leben Jesu gesammelt und deren Inhalt geprüft. Dann muss er die einzelnen Geschichten ordnen und verbinden. Schließlich werden diese noch bearbeitet, sodass sie der Aussageabsicht des Verfassers entsprechen. Markus entscheidet sich bei der Anordnung der Perikopen, also der Einzelgeschichten, für eine Struktur, die einen möglichen Weg Jesu von seiner Heimat Galiläa im Norden nach Jerusalem im Süden zeichnet.

Doch vielleicht hat dem Evangelisten außer der rein geografischen Anordnung noch ein anderes Prinzip als Hintergrundfolie gedient: der Weg, den Vespasian ab 67 n. Chr. genommen hat, um einen landesweiten jüdischen Aufstand niederzuschlagen und ganz Palästina zu erobern.

Hierzu macht der römische Feldherr mit seinem Heer einen Schwenk in Richtung Norden und richtet in Cäsarea Philippi ein Winterlager ein. Nach der Tötung von Aufständischen in Galiläa walzt sich die Streitmacht unaufhaltsam und brutal in Richtung Süden. Währenddessen geht Vespasian grausam gegen die Bevölkerung vor, um deren Widerstand zu brechen. Sein Ziel ist Jerusalem mit seinem für Juden besonders heiligen Tempel.

M3 Übersicht über die in Mk 8,22-11,15 erwähnten Orte

---

4 Jesus als Gegenfigur zu Vespasian: Vollzieht diese Hypothese nach, indem ihr
- den Weg Jesu von Galiläa nach Jerusalem anhand von M3 und der folgenden Markusstellen nachvollzieht: 8,22; 8,27; 9,33; 10,1; 11,1.
- das Wirken Jesu den Handlungen des Vespasian anhand der folgenden Markusstellen gegenüberstellt: 9,14-27; 10,13-16; 10,42-44; 11,1-11.

5 Vergleicht den Umgang mit Macht von Vespasian und Jesus mit der Art und Weise, wie Mächtige heute mit ihrer Macht umgehen. Beachtet mögliche Konsequenzen ihres Handelns.

Ein Lesetagebuch gestalten

Vielleicht kennt ihr ein Lesetagebuch bereits aus dem Deutschunterricht: Bei einer Lektüre wird hier zu vorgegebenen Abschnitten eine Inhaltsangabe erstellt, kreative Schreibaufträge zu bestimmten Passagen vertiefen das Textverständnis und bieten Raum für eigene Gedanken.
Auch das Markusevangelium lässt sich wie eine spannende Lektüre lesen: Im Laufe dieses Kapitels wirst du nicht nur ausgewählte Stellen des Markusevangeliums intensiver betrachten, sondern das ganze Markusevangelium lesen – natürlich nicht auf einmal, sondern in ungefähr gleich großen Abschnitten. Hierzu findest du genauere Hinweise jeweils am Ende mehrerer Doppelseiten, dort ist nämlich deine nächste Leseetappe angegeben. Die möglichen Methoden für dein Lesetagebuch werden im Folgenden erklärt, du kannst also immer wieder hierher zurückblättern und dir Anregungen holen. Zusammen mit dem im Unterricht Erarbeiteten ergibt dein Lesetagebuch eine spannende Geschichte des Lebens Jesu.

Eine Figurenkonstellation entwickeln
Sind mehrere Personen an einer Erzählung beteiligt, stehen diese in einem bestimmten Verhältnis zueinander. Die Erstellung einer Figurenkonstellation macht ihre Beziehungen deutlich und kann so deren Verhalten in der Geschichte erklären.

Schreibe hierzu die Namen aller an einer Markuserzählung Beteiligten auf eine halbe Seite verteilt und verbinde sie mit Linien. Beschrifte dann diese Linien mit einzelnen Wörtern, Halbsätzen oder auch Symbolen, sodass deren Beziehung zueinander deutlich wird (z. B. „Ablehnung“, „mögen sich nicht“, 👎).

Eine Figur charakterisieren
Die Personen in einer Geschichte werden entweder direkt durch den Erzähler oder indirekt durch ihre Handlungen und Aussagen charakterisiert.

Suche dir eine Figur in einer Erzählung des Markusevangeliums aus und versuche, sie auf Basis dieser Erzählung möglichst umfassend zu charakterisieren. Beschreibe hierbei ihre äußere Erscheinung, ihre Eigenschaften, ihre Lebensumstände und ihr Verhältnis zu anderen. Wenn sich zu einem Bereich keine Angaben in der Geschichte finden, dann ergänze sie schlüssig.

Einer Figur die Meinung sagen
Sicherlich bist du schon oft auf Figuren in Erzählungen gestoßen, über die du dich geärgert hast, weil sie sich falsch verhalten. Jetzt hast du die Gelegenheit dazu!

Wähle eine Figur aus dem Markusevangelium und sage ihr so richtig die Meinung. Mache sie auf ihr Fehlverhalten aufmerksam und gib ihr Ratschläge, wie sie in Zukunft anders handeln soll.

Ein Interview führen
Menschen, die Besonderes erlebt oder geleistet haben, werden hierzu häufig in Zeitungen und Zeitschriften interviewt.

Führe ein solches Interview mit einer Figur aus dem Markusevangelium, der du gerne Fragen stellen würdest. Befrage sie z. B. nach ihrer Vorgeschichte, einem besonderen Erlebnis und ihrer Zukunftsperspektive, und formuliere ihre möglichen Antworten.

Aufgaben

1 Beginne dein Lesetagebuch, indem du im Markusevangelium den Abschnitt 1,16-3,35 liest und zu einer selbst gewählten Stelle einen Eintrag vornimmst. Suche dir hierzu eine der Möglichkeiten auf dieser Doppelseite aus.

Einen Tagebucheintrag anfertigen
Das Tagebuch ist etwas aus der Mode gekommen, dennoch gibt es immer noch Menschen, die darin am Ende eines Tages ihre Erlebnisse schriftlich Revue passieren lassen.

Versetze dich in eine Figur aus dem Markusevangelium hinein und fertige aus ihrer Perspektive einen Tagebucheintrag an, in dem sie über das Erlebte nachdenkt.

Einen Zeitungsartikel verfassen
Wichtige Ereignisse von allgemeinem Interesse finden ihren Weg in die Zeitung, um einen größeren Personenkreis darüber zu informieren.

Suche dir eine Markuserzählung aus und verfasse auf deren Basis einen Zeitungsartikel. Achte auf eine objektive und sachliche Darstellung im Präteritum sowie auf eine Beantwortung der sogenannten W-Fragen (Wer? Wann? Wo? Was? Wie? Warum? Welche Folgen?). Vergiss die Überschrift nicht.

Ein Gedicht schreiben
Gedichte bieten konzentrierten Inhalt und konzentrierte Sprache. Durch ihre Kürze bist du gezwungen, dir sowohl inhaltlich als auch sprachlich genau zu überlegen, was du sagen willst, und beide Bereiche bewusst zu gestalten. Ferner bieten Gedichte durch ihre ganz andere Form eine neue Sicht auf ein bekanntes Geschehen.

Schreibe zu einer Geschichte aus dem Markusevangelium ein Gedicht. Hierbei müssen sich die einzelnen Verse nicht reimen. Du kannst dich an vorgegebenen Formen anlehnen, z. B.
- am Elfchen (elf Wörter, verteilt auf fünf Verse: 1 – 2 – 3 – 4 – 1, wobei in V. 1 ein zentraler Gedanke oder Gegenstand steht) oder
- am Rondell (V. 1, V. 4 und V. 7 sowie V. 2 und V. 8 sind gleich, V. 3, V. 5 und V. 6 sind unterschiedlich).

Einen Comic erstellen
Ein Comic bietet dir durch seine Kombination aus aussagekräftigen Bildern und kurzen Texten die Möglichkeit, das Geschehen einmal in einer völlig unterschiedlichen Art und Weise darzustellen und dabei bestimmte Aspekte besonders zu betonen.

Erstelle auf der Basis einer Erzählung aus dem Markusevangelium einen Comic. Teile diese Erzählung hierzu zunächst in Sinnabschnitte ein. Überlege dann, wie die zentrale Szene der jeweiligen Sinnabschnitte in ein Bild gefasst werden kann. Verfasse daraufhin Texte für die Sprechblasen und als eventuell notwendige erklärende Überleitung zwischen den einzelnen Bildern.

Einen Traum festhalten
In Träumen verarbeiten Menschen die prägenden Erlebnisse des Tages. Die Grenzen der Realität, von Raum und Zeit, sind hierbei aufgehoben.

Halte den Traum einer Figur aus dem Markusevangelium fest, der ein besonderes Ereignis aufarbeitet. Versetze dich hierzu in diese Figur und beschreibe den Traum aus ihrer Sicht. Überlege hierbei, was sie erlebt hat, worüber sie konkret nachdenkt, wie sie sich fühlt und welche Zukunft sie vor sich sieht.

Aus der Sicht einer anderen Figur erzählen
Die Wahrnehmung des Lesers ist oft dadurch gesteuert, aus wessen Perspektive eine Geschichte erzählt wird. So geraten manchmal andere Beteiligte aus dem Blickfeld, obwohl sie auch eine wichtige Rolle spielen oder eine andere Sicht auf die Dinge haben.

Wähle dir eine Figur aus einer Markuserzählung aus, die zwar anwesend ist, über deren Sichtweise auf das Geschehen du aber nichts erfährst. Erzähle nun die Handlung neu, und zwar aus ihrer Perspektive.

Die gute Nachricht veranschaulichen – das Gleichnis vom Sämann

Jesus trifft mit seiner Botschaft bei den Menschen seiner Zeit einen Nerv: Denn diese leiden unter der Besatzungsmacht der Römer, in der Provinz Judäa herrschen Unterdrückung, Ungerechtigkeit, Feindschaft und Gewalt. Der Kern von Jesu Botschaft zeichnet ein Gegenbild: Mit seinem Kommen ist eine Zeit der Freiheit, der Gerechtigkeit, der Freundschaft und der Liebe angebrochen. Er nennt das „**Reich Gottes**".

Um diese gute Nachricht den Menschen verständlich zu machen, bedient sich Jesus in den Evangelien kleiner Erzählungen, sogenannter **Gleichnisse**. Dies sind kurze, bildhafte Erzählungen, die einen komplizierten Sachverhalt anschaulich darstellen. Hierzu wählt Jesus alltägliche Gegebenheiten oder Naturvorgänge aus der Lebenswelt seiner Zuhörer, die auf das Reich Gottes und seine Merkmale bezogen werden können. Diese Orientierung Jesu an seinen Zuhörern erklärt auch, warum sich in den Evangelien relativ viele Gleichnisse aus dem landwirtschaftlichen Bereich finden. Eines der bekanntesten Gleichnisse handelt von einem Sämann.

M1 Vincent van Gogh (1853–1890), Sämann bei untergehender Sonne, 1888

1 Und wieder begann er, am Ufer des
Sees zu lehren, und sehr viele Men-
schen versammelten sich um ihn. Er
stieg deshalb in ein Boot auf dem See
und setzte sich; die Leute aber standen
am Ufer. 2 Und er sprach lange zu ihnen
und lehrte sie in Gleichnissen. Bei die-
ser Belehrung sagte er zu ihnen: 3 Hört!
Siehe, ein Sämann ging hinaus, um zu
säen. 4 Als er säte, fiel ein Teil auf den
Weg und die Vögel kamen und fraßen
es. 5 Ein anderer Teil fiel auf felsigen
Boden, wo es nur wenig Erde gab, und
ging sofort auf, weil das Erdreich nicht
tief war; 6 als aber die Sonne hochstieg,
wurde die Saat versengt und verdorrte,
weil sie keine Wurzeln hatte. 7 Wieder
ein anderer Teil fiel in die Dornen und
die Dornen wuchsen und erstickten die
Saat und sie brachte keine Frucht. 8 Ein
anderer Teil schließlich fiel auf guten
Boden und brachte Frucht; die Saat
ging auf und wuchs empor und trug
dreißigfach, sechzigfach und
hundertfach. 9 Und Jesus sprach: Wer
Ohren hat zum Hören, der höre!

M2 Mk 4,1-9

Inwiefern wird die Lesererwartung in V. 4–7 gleich mehrfach enttäuscht?

Was hebt die Häufung der Misserfolge in V. 4–7 besonders hervor?

Welche Wirkung hat die Übertreibung am Ende von V. 8?

Warum betont das Gleichnis in V. 3 f. dreimal das Säen?

Warum werden sowohl Fruchttragen als auch Wachstum in V. 8 zweimal erwähnt?

Inwiefern verändert das Ende des Gleichnisses den Blick auf die vorherigen Misserfolge?

Aufgaben

1 Beschreibt **M1** ausführlich. Beachtet dabei die einzelnen Bildelemente, aber auch die Farbgebung.

2 Verfasst eine Kurzversion des Gleichnisses **M2** und vergleicht deren Wirkung mit dem Original.

3 Beim Leser wirft der Text **M2** Fragen auf, von denen ihr einige oben in Denkblasen findet. Versucht, diese zu beantworten.

4 Erschließt mögliche Aussagen des Gleichnisses, die sich auf das Reich Gottes bzw. dessen Verkündigung im Besonderen und das Leben des Menschen im Allgemeinen beziehen.

5 Vergleicht eure Interpretation mit der Auslegung, die Markus in Mk 4,13-20 überliefert. Arbeitet abschließend aus Mk 4,21-25 heraus, welches Verhalten Jesus von seinen Jüngern erwartet.

6 Jesus erzählt im Sämann-Gleichnis vom endzeitlichen Heil (Paradies/ewiges Leben bei Gott): Trotz aller Probleme und Schwierigkeiten wird sich das Reich Gottes durchsetzen. Begründet, warum dieses im Gleichnis verkündete endzeitliche Heil tatsächlich eine gute Nachricht für die Menschen zur Zeit Jesu und die frühen Christen sein kann. Berücksichtigt dabei auch die Informationen auf S. 64.

7 Setzt das Bild van Goghs (**M1**) mit dem Sämann-Gleichnis Jesu (**M2**) in Beziehung. Formuliert auf der Basis von **M2** Gedanken, die der Sämann in **M1** haben könnte.

(etwas genauer machen)

Die gute Nachricht konkretisieren – Worte und Taten Jesu

Nicht nur die von Jesus erzählten **Gleichnisse** enthalten Aussagen über das Reich Gottes. Auch seine Person und sein Handeln können so gedeutet werden.

40 Ein Aussätziger kam zu Jesus und bat ihn um Hilfe; er fiel vor ihm auf die Knie und sagte: Wenn du willst,
kannst du mich rein machen. 41 Jesus hatte Mitleid mit ihm; er streckte die Hand aus, berührte ihn und sagte:
Ich will – werde rein! 42 Sogleich verschwand der Aussatz und der Mann war rein. 43 Jesus schickte ihn weg,
wies ihn streng an 44 und sagte zu ihm: Sieh, dass du niemandem etwas sagst, sondern geh, zeig dich dem
Priester und bring für deine Reinigung dar, was Mose festgesetzt hat – ihnen zum Zeugnis. 45 Der Mann aber
ging weg und verkündete bei jeder Gelegenheit, was geschehen war; er verbreitete die Geschichte, sodass sich
Jesus in keiner Stadt mehr zeigen konnte; er hielt sich nur noch an einsamen Orten auf. Dennoch kamen die
Leute von überallher zu ihm.

M1 Mk 1,40-45

23 An einem Sabbat ging er durch die Kornfelder und unterwegs rissen seine Jünger Ähren ab. 24 Da sagten die
Pharisäer zu ihm: Sieh dir an, was sie tun! Das ist doch am Sabbat nicht erlaubt. 25 Er antwortete: Habt ihr nie
gelesen, was David getan hat, als er und seine Begleiter hungrig waren und nichts zu essen hatten, 26 wie er zur
Zeit des Hohepriesters Abjatar in das Haus Gottes ging und die Schaubrote aß, die außer den Priestern nie-
mand essen darf, und auch seinen Begleitern davon gab? 27 Und Jesus sagte zu ihnen: Der Sabbat wurde für
den Menschen gemacht, nicht der Mensch für den Sabbat. 28 Deshalb ist der Menschensohn Herr auch über
den Sabbat.

M2 Mk 2,23-28

26 Er sagte: Mit dem Reich Gottes ist es so, wie wenn ein Mann Samen auf seinen Acker sät; 27 dann schläft er
und steht wieder auf, es wird Nacht und wird Tag, der Samen keimt und wächst und der Mann weiß nicht, wie.
28 Die Erde bringt von selbst ihre Frucht, zuerst den Halm, dann die Ähre, dann das volle Korn in der Ähre.
29 Sobald aber die Frucht reif ist, legt er die Sichel an; denn die Zeit der Ernte ist da.

M3 Mk 4,26-29

30 Er sagte: Womit sollen wir das Reich Gottes vergleichen, mit welchem Gleichnis sollen wir es beschreiben?
31 Es gleicht einem Senfkorn. Dieses ist das kleinste von allen Samenkörnern, die man in die Erde sät. 32 Ist es
aber gesät, dann geht es auf und wird größer als alle anderen Gewächse und treibt große Zweige, sodass in sei-
nem Schatten die Vögel des Himmels nisten können. 33 Durch viele solche Gleichnisse verkündete er ihnen
das Wort, so wie sie es aufnehmen konnten. 34 Er redete nur in Gleichnissen zu ihnen; seinen Jüngern aber er-
klärte er alles, wenn er mit ihnen allein war.

M4 Mk 4,30-34

Aufgaben

1 Arbeitet aus **M1** bis **M6** heraus, welche Aspekte des **Reiches Gottes** hier jeweils angesprochen werden. Stellt dabei auch einen Bezug zum Bild **M7** her.

2 Wunder sind dem modernen Menschen nicht mehr nahe, Bezugnahmen auf jüdische Traditionen und Gesetze nicht ohne Weiteres nachvollziehbar, Gleichnisse nicht sofort verständlich.

46 Sie kamen nach Jericho. Als er mit seinen Jüngern und einer großen Menschenmenge Jericho wieder verließ,
saß am Weg ein blinder Bettler, Bartimäus, der Sohn des Timäus. 47 Sobald er hörte, dass es Jesus von Nazaret
war, rief er laut: Sohn Davids, Jesus, hab Erbarmen mit mir! 48 Viele befahlen ihm zu schweigen. Er aber schrie
noch viel lauter: Sohn Davids, hab Erbarmen mit mir! 49 Jesus blieb stehen und sagte: Ruft ihn her! Sie riefen
den Blinden und sagten zu ihm: Hab nur Mut, steh auf, er ruft dich. 50 Da warf er seinen Mantel weg, sprang auf
und lief auf Jesus zu. 51 Und Jesus fragte ihn: Was willst du, dass ich dir tue? Der Blinde antwortete: Rabbuni,
ich möchte sehen können. 52 Da sagte Jesus zu ihm: Geh! Dein Glaube hat dich gerettet. Im gleichen Augen-
blick konnte er sehen und er folgte Jesus auf seinem Weg nach.

M5 Mk 10,46-52

28 Ein Schriftgelehrter hatte ihrem Streit zugehört; und da er bemerkt hatte, wie treffend Jesus ihnen antworte-
te, ging er zu ihm hin und fragte ihn: Welches Gebot ist das erste von allen? 29 Jesus antwortete: Das erste ist:
Höre, Israel, der Herr, unser Gott, ist der einzige Herr. 30 Darum sollst du den Herrn, deinen Gott, lieben mit
ganzem Herzen und ganzer Seele, mit deinem ganzen Denken und mit deiner ganzen Kraft. 31 Als zweites
kommt hinzu: Du sollst deinen Nächsten lieben wie dich selbst. Kein anderes Gebot ist größer als diese beiden.
32 Da sagte der Schriftgelehrte zu ihm: Sehr gut, Meister! Ganz richtig hast du gesagt: Er allein ist der Herr und
es gibt keinen anderen außer ihm 33 und ihn mit ganzem Herzen, ganzem Verstand und ganzer Kraft zu lieben
und den Nächsten zu lieben wie sich selbst, ist weit mehr als alle Brandopfer und anderen Opfer. 34 Jesus sah,
dass er mit Verständnis geantwortet hatte, und sagte zu ihm: Du bist nicht fern vom Reich Gottes. Und keiner
wagte mehr, Jesus eine Frage zu stellen.

Perikopen (kleine abschnitte von der Bibel)

M6 Mk 12,28-34

M7 Ausblick

Wählt eine Perikope (Einzelgeschichte) aus **M1** bis **M6** und aktualisiert diese, indem ihr überlegt, wie man ihre Grundaussage in der heutigen Zeit erzählerisch zum Ausdruck bringen könnte.

3 Lest im Markusevangelium 4,35-6,29 und führt euer Lesetagebuch weiter, indem ihr zu einem Abschnitt einen Eintrag erstellt. Sucht euch hierzu eine Methode von S. 62 oder 63 aus.

Die gute Nachricht leben – Wunder Jesu I

Der Evangelist Markus schreibt wahrscheinlich für Christen, die vorher keine Juden gewesen sind. Dies zeigt sich z. B. an der Tatsache, dass er hebräische und aramäische Wendungen in seinem **Evangelium** übersetzt (vgl. Mk 5,41) oder jüdische Bräuche erklärt (vgl. Mk 7,3f.). Auch wird in seinem Evangelium besonders das Wirken Jesu unter Nicht-Juden betont: Ihnen gilt ebenfalls die **Reich-Gottes**-Botschaft und sein Heilshandeln (vgl. Mk 7,24-30).

Dennoch spielt für Markus auch die jüdische Herkunft Jesu eine besondere Rolle, wenn er Überlieferungen in sein Evangelium aufnimmt, die Anspielungen auf das Alte Testament, die Heilige Schrift des Judentums, enthalten. Eine solche Überlieferung ist die Speisung der Fünftausend, die der Evangelist im Kontext der Reich-Gottes-Botschaft seiner Schrift verwendet. Schon im Alten Testament finden wir Schilderungen, wie Gott Menschen durch ein Wunder vor dem Hunger bewahrt.

Während des Auszugs des Volkes Israel aus Ägypten plagt es der Hunger:

11 Der HERR sprach zu Mose: 12 Ich habe das Murren der Israeliten gehört. Sag ihnen: In der Abenddämmerung werdet ihr Fleisch zu essen haben, am Morgen werdet ihr satt werden von Brot und ihr werdet erkennen, dass ich der HERR, euer Gott, bin. 13 Am Abend kamen die Wachteln und bedeckten das Lager. Am Morgen lag eine Schicht von Tau rings um das Lager. 14 Als sich die Tauschicht gehoben hatte, lag auf dem Wüstenboden etwas Feines, Knuspriges, fein wie Reif, auf der Erde. 15 Als das die Israeliten sahen, sagten sie zueinander: Was ist das? Denn sie wussten nicht, was es war. Da sagte Mose zu ihnen: Das ist das Brot, das der HERR euch zu essen gibt.

M1 Ex 16,11-15

Motive dieser Überlieferung finden ihren Niederschlag im folgenden Markus-Text:

30 Die Apostel versammelten sich wieder bei Jesus und berichteten ihm alles, was sie getan und gelehrt hatten. 31 Da sagte er zu ihnen: Kommt mit an einen einsamen Ort, wo wir allein sind, und ruht ein wenig aus! Denn sie fanden nicht einmal Zeit zum Essen, so zahlreich waren die Leute, die kamen und gingen. 32 Sie fuhren also mit dem Boot in eine einsame Gegend, um allein zu sein. 33 Aber man sah sie abfahren und viele erfuhren davon; sie liefen zu Fuß aus allen Städten dorthin und kamen noch vor ihnen an. 34 Als er ausstieg, sah er die vielen Menschen und hatte Mitleid mit ihnen; denn sie waren wie Schafe, die keinen Hirten haben. Und er lehrte sie lange. 35 Gegen Abend kamen seine Jünger zu ihm und sagten: Der Ort ist abgelegen und es ist schon spät.

Aufgaben

1 Stellt aus **M1** zusammen, was über die Sorge Gottes für den Menschen ausgesagt wird.

2 Erschließt den Aufbau von **M2**. Ordnet dabei den folgenden Überschriften die konkreten Inhalte und Versangaben zu: Auftreten des Wundertäters und der Bedürftigen – Schilderung der Notlage – Vorbereitung des Wunders – Ablaufen des Wunders – Feststellung des Wunders.

3 Vergleicht die Überlieferung **M1** mit **M2**. Arbeitet dabei besonders heraus, inwiefern die Markus-Perikope sowohl auf den alttestamentlichen Text anspielen als auch die Besonderheit Jesu herausstellen will.

36 Schick sie weg, damit sie in die umliegenden Gehöfte und Dörfer gehen und sich etwas zu essen kaufen können! 37 Er erwiderte: Gebt ihr ihnen zu essen! Sie sagten zu ihm: Sollen wir weggehen, für zweihundert Denare Brot kaufen und es ihnen zu essen geben? 38 Er sagte zu ihnen: Wie viele Brote habt ihr? Geht und seht nach! Sie sahen nach und berichteten: Fünf Brote und außerdem zwei Fische. 39 Dann befahl er ihnen, sie sollten sich in Mahlgemeinschaften im grünen Gras lagern. 40 Und sie ließen sich in Gruppen zu hundert und zu fünfzig nieder. 41 Darauf nahm er die fünf Brote und die zwei Fische, blickte zum Himmel auf, sprach den Lobpreis, brach die Brote und gab sie den Jüngern, damit sie diese an die Leute austeilten. Auch die zwei Fische ließ er unter allen verteilen. 42 Und alle aßen und wurden satt. 43 Und sie hoben Brocken auf, zwölf Körbe voll, und Reste von den Fischen. 44 Es waren fünftausend Männer, die von den Broten gegessen hatten.

M2 Mk 6,30-44

M3 Sieger Köder, Tischgemeinschaft mit den Ausgegrenzten

4 Beschreibt, inwiefern das Bild M3 versucht, die Symbolik der zahlreichen gemeinsamen Mahlzeiten Jesu mit anderen Menschen, die die Evangelien überliefern, zu verdeutlichen und zu aktualisieren. Achtet dabei auch auf den Bildtitel. Zur Vertiefung könnt ihr noch auf folgende Markus-Perikopen zurückgreifen: 2,15-17; 14,3-9; 14,12-25.

5 Formuliert allgemein, wie sowohl in M2 als auch in der gesamten biblischen Reich-Gottes-Botschaft positive Perspektiven (wie z. B. Versöhnung, Frieden, Gemeinschaft, Zukunft) zum Ausdruck kommen.

6 Lest im Markusevangelium Mk 6,45-8,21 und sucht euch eine Methode von S. 62 oder 63 aus, mit deren Hilfe ihr euer Lesetagebuch weiterführt.

Die gute Nachricht leben – Wunder Jesu II

M1 Bild von einer Internetseite für Meditationen und Gebete

Neben den sogenannten Geschenkwundern wie z. B. der Speisung der Fünftausend (vgl. S. 68f.) spielen auch Heilungswunder eine wichtige Rolle in der verheißungsvollen Botschaft vom **Reich Gottes**: Sie zeigen, dass dieses mit Jesus schon begonnen hat und sein Handeln das neue Zeitalter bereits umsetzt.

22 Sie kamen nach Betsaida. Da brachte man einen Blinden zu Jesus und bat ihn, er möge ihn berühren. 23 Er
nahm den Blinden bei der Hand, führte ihn vor das Dorf hinaus, bestrich seine Augen mit Speichel, legte ihm
die Hände auf und fragte ihn: Siehst du etwas? 24 Der Mann blickte auf und sagte: Ich sehe Menschen; denn
ich sehe etwas, das wie Bäume aussieht und umhergeht. 25 Da legte er ihm nochmals die Hände auf die Augen;
nun sah der Mann deutlich. Er war wiederhergestellt und konnte alles ganz genau sehen. 26 Jesus schickte ihn
nach Hause und sagte: Geh aber nicht in das Dorf hinein!

M2 Mk 8,22-26

Aufgaben

1 Beschreibt M1 und formuliert anschließend eine mögliche Aussage des Bildes.

2 Stellt einen Bezug zwischen der Schilderung M2 und dem Bild M1 her. Geht dabei darauf ein, inwiefern der Umstand, dass Jesus wieder sehend macht, auch symbolisch (vgl. S. 37) verstanden werden kann.

3 Jesus Christus erhebt wie auch Vespasian den Anspruch, dass mit seinem Auftreten eine neue Zeit und eine neue Herrschaft beginnt (vgl. Mk 1,14f.). Dennoch ist seine Herrschaft eine ganz andere. Belegt diese Behauptung, indem ihr die beiden Heilungsgeschichten M2 und M3 anhand folgender Kriterien vergleicht: Ausgangssituation – Handeln des Wundertäters – Folge.

Bereits am Anfang dieses Kapitels ist deutlich geworden, dass Markus sein **Evangelium** auch in bewusster Abgrenzung zum Kult um den römischen Kaiser Vespasian verfasst, der um die Entstehungszeit des Evangeliums als neuer Heilsbringer gefeiert wird. Vespasian fehlt jedoch der Titel **„Gottes Sohn“** zur Legitimation seiner Herrschaft (vgl. S. 59), sodass über ihn z. B. folgende Geschichte in Umlauf gebracht wird, die der römische Geschichtsschreiber Tacitus (ca. 55–120) in seinen „Historien“ überliefert:

Während der Monate, wo Vespasian zu Alexandria auf die zu bestimmten Tagen im Sommer wehenden Winde und auf sichere Meerfahrt wartete, ereignete sich viel Wunderbares, wodurch des Himmels Gunst und eine gewisse Zuneigung der Götter für Vespasian sich zu erkennen gab. Ein Mann aus dem gemeinen Volke in Alexandria, allen als erblindet bekannt, wälzte sich zu seinen Knien hin, indem er jammernd Heilung von seiner Blindheit forderte, wie der Gott Serapis ihn geheißen, welchen das dem Aberglauben ergebene Volk vor anderen verehrt, und flehte den Fürsten an, er möge ihm die Wangen und den Rand der Augen mit dem Auswurf seines Mundes zu bestreichen würdigen. Ein andrer, dem die Hand gelähmt war, bat auf Befehl desselben Gottes hin, dass der Kaiser mit dem Fuße darauf treten möchte. Vespasian verlachte sie anfangs und wies sie zurück. Als sie nun in ihn drangen, fürchtete er bald den Ruf von der Vergeblichkeit des Unternehmens, bald ließ er sich durch das Flehen der Leute selbst und durch die Reden der Schmeichler zur Hoffnung bewegen. Endlich ließ er von Ärzten ein Gutachten darüber geben, ob solche Blindheit und Lähmung durch Menschenhilfe überwindbar sei. Die Ärzte sprachen in vieldeutiger Weise, es sei dem einen die Sehkraft noch nicht ganz verzehrt, und sie dürfte wiederkehren, wenn nur das erst hinweggeschafft sei, was sie behinderte; dem andern seien nur die Gelenke verrenkt und könnten, würde Heilkraft angewandt, wohl wieder eingerichtet werden. Dies liege nun vielleicht im Wunsche der Götter, und es sei so der Fürst zu des Himmels Werkzeug erkoren. Endlich würde doch, gelänge die Kur, der Ruhm auf den Kaiser, misslinge sie, der Spott nur auf die Unglücklichen fallen. So vollzieht denn Vespasian in dem Glauben, es sei seinem Glücke alles möglich, und es gebe nichts mehr, was man demselben nicht zutrauen dürfte, mit freudiger Miene, während die Menge gespannt um ihn her stand, das von ihm Verlangte. Augenblicklich wurde die Hand wieder brauchbar, und auch dem Blinden erschien das Tageslicht von neuem.

M3 Tacitus, Historien

4 Die Vespasian zugeschriebenen Heilungen (vgl. M3) wurden im Römischen Reich zu Propagandazwecken verbreitet. Arbeitet aus den folgenden Bibelstellen heraus, was Jesus von der Verbreitung seines heilbringenden Wirkens hält: Mk 1,44; 5,43; 7,36 und schließlich 8,26.

5 Lest weiter im Markusevangelium, und zwar Mk 8,27-10,52. Fertigt dann zu einem von euch gewählten Abschnitt einen Eintrag für euer Lesetagebuch an. Die auf den S. 62 und 63 genannten Möglichkeiten können euch als Anregung dienen.

Die gute Nachricht strukturieren – anhand des Weges Jesu nach Jerusalem

Gruseln stellt sich ein, wenn die Helden in einem Abenteuerfilm eine finstere Höhle betreten. Der Zuschauer weiß allein durch den gewählten Schauplatz: Das kann nicht gut gehen, hier lauern tückische Gefahren! Orte sind in Filmen und auch in Erzählungen meist nicht beliebig gewählt. Sie spielen mit einem Vorwissen des Zuschauers oder Lesers, weil dieser aus Erfahrung mit bestimmten Orten besondere Vorstellungen verbindet. Orte lösen Assoziationen aus – schon bevor die Geschichte beginnt.
Gleichzeitig sind Ortsangaben wichtige Hilfen, um die Gliederung einer Erzählung wahrzunehmen. Verschiedene Szenen sind nicht gleichförmig aneinandergereiht, sondern mit unterschiedlichen Orten verknüpft, und ermöglichen so, eine Struktur in einer fortlaufenden Handlungskette zu erkennen.
Das Markusevangelium ist voll von Ortsangaben. Es sind nicht nur Namen wie Nazaret oder Jerusalem, sondern auch allgemeine geografische Angaben wie „Wüste“ oder „Weg“. Markus stellt die von ihm gesammelten Einzelüberlieferungen so zu einer fortlaufenden Erzählung zusammen, dass fünf symbolträchtige Ortsangaben die Gliederungspunkte liefern. Den Mittelteil seiner Erzählung bildet der Weg Jesu von Galiläa nach Jerusalem, um den sich wie ein innerer und äußerer Rahmen die weiteren Teile legen.

In **Jerusalem** (ab Mk 11) scheint die Zeit der Heilungen und Wunder vorbei zu sein, ja Jerusalem wird zum Ort des Todes. Dabei geht nicht nur der Weg Jesu dort zu Ende, auch der Stadt selbst wird ihr Untergang angekündigt. Bereits auf dem Weg nach Jerusalem haben die Jünger Angst, Jesus kündigt sein Leiden und Sterben in dieser Stadt frühzeitig an. Im Unterschied zu den anderen Evangelien reduziert Markus das Handeln Jesu in Jerusalem auf Konflikte und Streitgespräche mit der Führungsschicht, mit Schriftgelehrten, die zu den Pharisäern gehören. **Reich-Gottes**-Verkündigung in Form von **Gleichnissen** oder Heilungen finden in Jerusalem nicht statt.

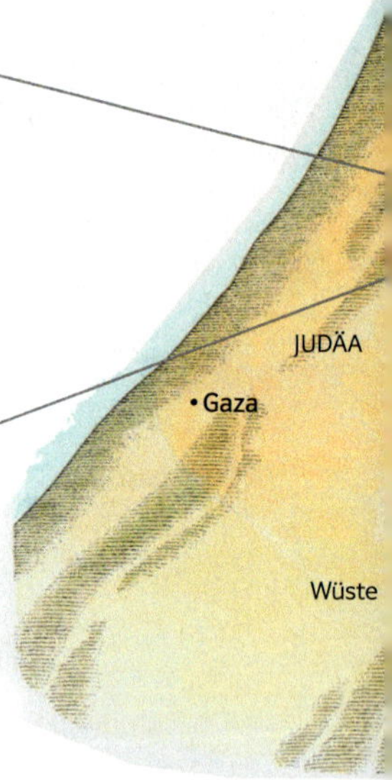

Das **Grab** (Mk 15,46ff.) ist ein lebensfeindlicher Ort und Symbol des Todes, den Jesus am Ende des Evangeliums überwindet. Da ist nur der leere Platz im Grab zu sehen. Er selbst ist auferstanden. Das Grab wird als Durchgangsstation geschildert.

Aufgaben

1 Erstellt eine Mindmap mit Assoziationen, die die fünf erwähnten Orte aus dem Markusevangelium (M1) nahelegen. Nehmt dabei auch die Landkarte M2 zu Hilfe. Ergänzt eure Mindmap dann in einer anderen Farbe um die auf dieser Doppelseite genannten Informationen und vergleicht diese mit euren Assoziationen.

2 Versucht, anhand der Angaben zu den Orten und Stellen im Markusevangelium ein Aufbaumuster herauszuarbeiten.

3 Der Weg Jesu ist auch der Weg, auf dem ihm seine Jünger sowohl im wörtlichen als auch im übertragenen Sinn nachgefolgt sind. Auch wir sind zur Nachfolge aufgerufen. Zeigt mögliche Konsequenzen für unser Handeln auf.

Die **Wüste** (Mk 1,12f.) ist ein lebensfeindlicher Ort und **Symbol** des Todes, den Jesus zu Beginn des Evangeliums überwindet. Während seiner 40 Tage in der Wüste, wo er vom Satan in Versuchung geführt wird, dienen ihm die Engel und er überlebt unter wilden Tieren. Die Wüste wird als Durchgangsstation geschildert.

In **Galiläa** findet das öffentliche Wirken Jesu statt (ab Mk 1,14): Dort zieht er umher, verkündigt das **Reich Gottes** und wirkt Wunder, indem er z.B. Kranke heilt. Jetzt ist die Zeit, wo die Heilszusage „Das Reich Gottes ist nahe!" in Erfüllung gehen soll. Diese Zeit beschreibt Markus äußerst dynamisch. Die Kunde von der Botschaft Jesu verbreitet sich wie ein Lauffeuer, die Menschen strömen aus allen Richtungen zum Mann aus Nazaret, das hohe Tempo, mit dem Jesus von Ort zu Ort eilt, macht fast schwindlig. Es entsteht das Bild eines Mannes, der rastlos umherzieht und sich der Begeisterung seiner Mitmenschen kaum entziehen kann.

Zwischen Galiläa und Jerusalem liegt der **Weg**. Bereits am Beginn des Evangeliums sollte der „Weg gebahnt" werden (Mk 1,2). Der Weg ist aber nicht nur äußerer Rahmen, sondern gleichzeitig zentrales Thema der Erzählung, auf das Markus das Interesse seiner Leser lenken will. Mit Vers 8,27 fällt das Startsignal, dass dieser Weg beginnt. Jesus spricht hier erstmals über seinen eigenen Leidensweg und den Weg seiner Jüngerinnen und Jünger: „Wenn einer hinter mir hergehen will, verleugne er sich selbst, nehme sein Kreuz auf sich und folge mir nach. Denn wer sein Leben retten will, wird es verlieren; wer aber sein Leben um meinetwillen und um des Evangeliums willen verliert, wird es retten." (Mk 8,34f.).

M1 Symbolische Orte im Markusevangelium

M2 Das Land, in dem Jesus lebte

4 Nehmt Stellung zu der Aussage: Das Markusevangelium ist keine Biografie über Jesus Christus, sondern ein Glaubenszeugnis früher Christen.

5 Setzt euer Lesetagebuch fort, indem ihr Mk 11,1-12,44 lest und zu einem selbst gewählten Abschnitt mithilfe einer Methode auf S. 62 oder 63 einen Eintrag verfasst.

Die gute Nachricht verorten – Hoffnungen und Ängste zur Zeit der Abfassung des Markusevangeliums

M1 Triumphbogen auf dem Forum in Rom aus dem Jahr 81 n. Chr. zu Ehren des Sieges des Titus über die Juden im Jahr 70 n. Chr

Herodion, ein Mitglied der frühchristlichen Gemeinde in Rom, hat aus einiger Entfernung den Triumphzug anlässlich des Sieges über die jüdischen Aufständischen (vgl. auch S. 61) beobachtet. Er kehrt nach Hause zurück und schildert seiner Frau Persis die Eindrücke, die er währenddessen gewonnen hat:

„Diese Siegesfeier, echt abstoßend! Sicher haben die Römer aus ihrer Sicht wieder für Ordnung im Reich gesorgt, indem sie die Aufständischen in der Provinz Judäa niedergerungen haben. Jedoch war auch deren Verhalten verständlich: Sie sind gegen die politische und religiöse Unterdrückung durch die römische Besatzungsmacht aufgestanden. Und muss man denn so brutal zurückschlagen? Muss man gleich den Tempel von Jerusalem zerstören? Dieser hat den Mittelpunkt des Opferdienstes gebildet, dem die Juden jetzt nicht mehr nachgehen können. So habe ich es zumindest in einer Unterhaltung von Juden gehört, die genauso wie ich den Triumphzug mitangesehen haben. Auch das Allerheiligste, das die Bundeslade mit den Zehn Geboten enthält, haben die Römer aus dem Tempel geraubt. Wie kann man nur so respektlos mit den religiösen Gefühlen eines

Aufgaben

1 Beschreibt die in M1 abgebildete Szene. Achtet dabei auf Bilddetails wie die Bekleidung und den Kopfschmuck der abgebildeten Personen sowie die mitgeführten Gegenstände.

2 Erschließt aus M1 und M2, was die Römer unter einer „guten Nachricht" verstehen.

3 Arbeitet heraus, inwiefern sich die in M2 geschilderte Entstehungssituation des Markusevangeliums in M3 wiederfindet.

ganzen Volkes umgehen? Und beim Triumphzug war ja die größte Demütigung für die Verlierer, dass auch noch weitere Beutestücke aus dem Tempel durch das Siegestor getragen wurden, die Menora, also der siebenarmige Leuchter, außerdem noch die Silbertrompeten und der Schaubrottisch. All das spielt bei religiösen Handlungen eine wichtige Rolle, haben die Juden erzählt.

Jetzt sind wir zwar keine Juden, haben als Christen aber dennoch unsere jüdischen Wurzeln. Schließlich war ja Jesus auch Jude. Und ich frage mich schon: Wo war hier Gott? Wie konnte er das zulassen, wo doch durch das Leben, den Tod und die Auferstehung Jesu eine neue Heilszeit für alle Menschen angebrochen sein soll? Hat nicht dieser selbst eine Wende zum Guten versprochen?

Wir Christen haben darüber hinaus im Römischen Reich ja auch unsere Probleme: Gut kann ich mich noch an die Verfolgungen unter Kaiser Nero erinnern. Unter dem Vorwand, dass wir für den Brand Roms verantwortlich seien, hat dieser viele von uns hinrichten lassen. Hier in der Hauptstadt des Imperiums gehören wir nicht richtig dazu. Und auch die jüdischen Behörden in Judäa betrachten uns als Sekte und verfolgen uns. Und was ist mit den zahlreichen Leuten, die in diesen unruhigen Zeiten auftreten und beanspruchen, der Messias zu sein?"

M2 Fiktiver Augenzeugenbericht vom Triumphzug

Aus dieser Situationsbeschreibung wird deutlich, wie schwierig die Lage für die frühen Christen war. Deshalb hofften sie auf die versprochene Wiederkehr Jesu Christi und die endgültige Erlösung. Diese blieb jedoch aus, was bei vielen Gläubigen zu großer Verunsicherung führte. Genau darauf reagiert Markus mit seinem **Evangelium**, wenn er immer wieder die Zweifel und Verstörung seiner Zeitgenossen aufgreift und ihnen Trost zu spenden versucht.

1 Als Jesus den Tempel verließ, sagte einer von seinen Jüngern zu ihm: Meister, sieh, was für Steine und was
für Bauten! 2 Jesus sagte zu ihm: Siehst du diese großen Bauten? Kein Stein wird hier auf dem andern bleiben,
der nicht niedergerissen wird. 3 Und als er auf dem Ölberg saß, dem Tempel gegenüber, fragten ihn Petrus, Jakobus, Johannes und Andreas, die mit ihm allein waren: 4 Sag uns, wann wird das geschehen und was ist das
Zeichen, dass dies alles sich vollenden soll? 5 Jesus sagte zu ihnen: Gebt Acht, dass euch niemand irreführt!
6 Viele werden unter meinem Namen auftreten und sagen: Ich bin es! Und sie werden viele irreführen. 7 Wenn
ihr von Kriegen hört und von Kriegsgerüchten, lasst euch nicht erschrecken! Das muss geschehen. Es ist aber
noch nicht das Ende. 8 Denn Volk wird sich gegen Volk und Reich gegen Reich erheben. Und an vielen Orten
wird es Erdbeben und Hungersnöte geben. Doch das ist erst der Anfang der Wehen. 9 Ihr aber, gebt Acht auf
euch selbst: Man wird euch um meinetwillen an die Gerichte ausliefern, in den Synagogen misshandeln und
vor Statthalter und Könige stellen – ihnen zum Zeugnis. 10 Allen Völkern muss zuerst das Evangelium verkündet werden. 11 Und wenn man euch abführt und ausliefert, macht euch nicht im Voraus Sorgen, was ihr reden
sollt; sondern was euch in jener Stunde eingegeben wird, das sagt! Denn nicht ihr werdet dann reden, sondern der Heilige Geist. 12 Brüder werden einander dem Tod ausliefern und Väter ihre Kinder und die Kinder
werden sich gegen ihre Eltern auflehnen und sie in den Tod schicken. 13 Und ihr werdet um meines Namens
willen von allen gehasst werden; wer aber bis zum Ende standhaft bleibt, der wird gerettet werden.

M3 Mk 13,1-13

4 Stellt zusammen, welche gute Nachricht die sogenannte „Rede über die Endzeit" **M3** hinsichtlich der aktuellen Sorgen und Nöte der frühen Christen enthält, wie sie in **M2** dargestellt werden. Vergleicht diese Sorgen und Nöte mit denen heutiger Menschen.

5 Lest Mk 13,28-15,47 und schließt euer Lesetagebuch ab, indem ihr euch für eine geeignete Stelle eine Methode von S. 62 oder 63 wählt.

Die gute Nachricht vergleichen – Gemeinsamkeiten und Unterschiede zwischen den Evangelien I

1 Als der Sabbat vorüber war, kauften Maria aus Magdala, Maria, die Mutter des Jakobus, und Salome
wohlriechende Öle, um damit zum Grab zu gehen und Jesus zu salben. 2 Am ersten Tag der Woche
kamen sie in aller Frühe zum Grab, als eben die Sonne aufging. 3 Sie sagten zueinander:
Wer könnte uns den Stein vom Eingang des Grabes wegwälzen? 4 Doch als sie hinblickten, sahen
sie, dass der Stein schon weggewälzt war; er war sehr groß. 5 Sie gingen in das Grab hinein
und sahen auf der rechten Seite einen jungen Mann sitzen, der mit einem weißen Gewand
bekleidet war; da erschraken sie sehr. 6 Er aber sagte zu ihnen: Erschreckt nicht! Ihr
sucht Jesus von Nazaret, den Gekreuzigten. Er ist auferstanden; er ist nicht hier. Seht,
da ist die Stelle, wohin man ihn gelegt hat. 7 Nun aber geht und sagt seinen
Jüngern und dem Petrus: Er geht euch voraus nach Galiläa; dort werdet ihr ihn
sehen, wie er es euch gesagt hat. 8 Da verließen sie das Grab und flohen;
denn Schrecken und Entsetzen hatte sie gepackt. Und sie sagten nie-
mandem etwas davon; denn sie fürchteten sich.

M1 Mk 16,1-8

M5 Spinello Aretino (ca. 1336–1410), Die vier Evangelisten, Deckenfresko in der Sakristei der Basilika San Miniato al Monte, Florenz (nach 1387)

1 Nach dem Sabbat, beim Anbruch des ersten Tages der Woche,
kamen Maria aus Magdala und die andere Maria, um nach dem
Grab zu sehen. 2 Und siehe, es geschah ein gewaltiges Erdbeben; denn
ein Engel des Herrn kam vom Himmel herab, trat an das Grab, wälzte
den Stein weg und setzte sich darauf. 3 Sein Aussehen war wie ein Blitz und
sein Gewand weiß wie Schnee. 4 Aus Furcht vor ihm erbebten die Wächter und
waren wie tot. 5 Der Engel aber sagte zu den Frauen: Fürchtet euch nicht! Ich
weiß, ihr sucht Jesus, den Gekreuzigten. 6 Er ist nicht hier; denn er ist auferstanden,
wie er gesagt hat. Kommt her und seht euch den Ort an, wo er lag! 7 Dann geht schnell
zu seinen Jüngern und sagt ihnen: Er ist von den Toten auferstanden und siehe, er geht
euch voraus nach Galiläa, dort werdet ihr ihn sehen. Siehe, ich habe es euch gesagt. 8 So-
gleich verließen sie das Grab voll Furcht und großer Freude und sie eilten zu seinen Jüngern,
um ihnen die Botschaft zu verkünden. 9 Und siehe, Jesus kam ihnen entgegen und sagte: Seid ge-
grüßt! Sie gingen auf ihn zu, warfen sich vor ihm nieder und umfassten seine Füße. 10 Da sagte Jesus
zu ihnen: Fürchtet euch nicht! Geht und sagt meinen Brüdern, sie sollen nach Galiläa gehen und dort
werden sie mich sehen.

M2 Mt 28,1-10

Aufgaben

1 Vergleicht die vier Versionen der Osterbotschaft **M1** bis **M4**. Legt dazu eine Tabelle an: Frauen – Absicht – Stein – Begegnungen.

2 Zeigt auf, inwiefern in allen vier Erzählungen **M1** bis **M4** – trotz der Unterschiede – doch dieselbe gute Nachricht aufscheint.

1 Am ersten Tag der Woche gingen die Frauen mit den wohlriechenden Salben, die sie zubereitet hatten, in al-
ler Frühe zum Grab. 2 Da sahen sie, dass der Stein vom Grab weggewälzt war; 3 sie gingen hinein, aber den
Leichnam Jesu, des Herrn, fanden sie nicht. 4 Und es geschah, während sie darüber ratlos waren, siehe, da
traten zwei Männer in leuchtenden Gewändern zu ihnen. 5 Die Frauen erschraken und blickten zu Bo-
den. Die Männer aber sagten zu ihnen: Was sucht ihr den Lebenden bei den Toten? 6 Er ist nicht
hier, sondern er ist auferstanden. Erinnert euch an das, was er euch gesagt hat, als er noch in Ga-
liläa war: 7 Der Menschensohn muss in die Hände sündiger Menschen ausgeliefert und ge-
kreuzigt werden und am dritten Tag auferstehen. 8 Da erinnerten sie sich an seine Worte.
9 Und sie kehrten vom Grab zurück und berichteten das alles den Elf und allen Übrigen.
10 Es waren Maria von Magdala, Johanna und Maria, die Mutter des Jakobus, und die
übrigen Frauen mit ihnen. Sie erzählten es den Aposteln. 11 Doch die Apostel hiel-
ten diese Reden für Geschwätz und glaubten ihnen nicht. 12 Petrus aber stand
auf und lief zum Grab. Er beugte sich vor, sah aber nur die Leinenbinden.
Dann ging er nach Hause, voll Verwunderung über das, was geschehen
war.

M3 Lk 24,1-12

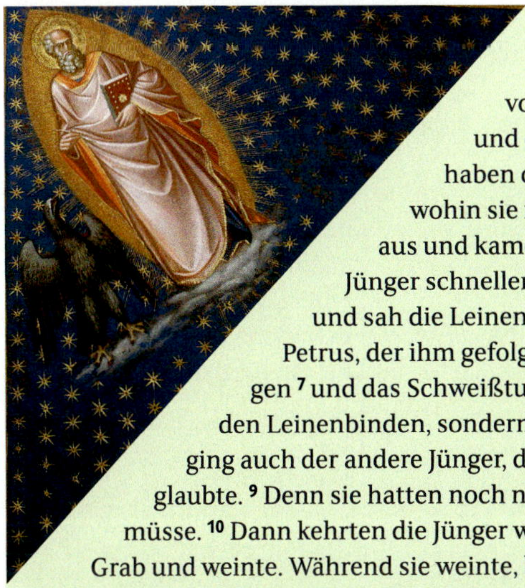

1 Am ersten Tag der Woche kam Maria von Magdala frühmor-
gens, als es noch dunkel war, zum Grab und sah, dass der Stein
vom Grab weggenommen war. 2 Da lief sie schnell zu Simon Petrus
und dem anderen Jünger, den Jesus liebte, und sagte zu ihnen: Sie
haben den Herrn aus dem Grab weggenommen und wir wissen nicht,
wohin sie ihn gelegt haben. 3 Da gingen Petrus und der andere Jünger hin-
aus und kamen zum Grab; 4 sie liefen beide zusammen, aber weil der andere
Jünger schneller war als Petrus, kam er als Erster ans Grab. 5 Er beugte sich vor
und sah die Leinenbinden liegen, ging jedoch nicht hinein. 6 Da kam auch Simon
Petrus, der ihm gefolgt war, und ging in das Grab hinein. Er sah die Leinenbinden lie-
gen 7 und das Schweißtuch, das auf dem Haupt Jesu gelegen hatte; es lag aber nicht bei
den Leinenbinden, sondern zusammengebunden daneben an einer besonderen Stelle. 8 Da
ging auch der andere Jünger, der als Erster an das Grab gekommen war, hinein; er sah und
glaubte. 9 Denn sie hatten noch nicht die Schrift verstanden, dass er von den Toten auferstehen
müsse. 10 Dann kehrten die Jünger wieder nach Hause zurück. 11 Maria aber stand draußen vor dem
Grab und weinte. Während sie weinte, beugte sie sich in die Grabkammer hinein. 12 Da sah sie zwei Engel
in weißen Gewändern sitzen, den einen dort, wo der Kopf, den anderen dort, wo die Füße des Leichnams
Jesu gelegen hatten. 13 Diese sagten zu ihr: Frau, warum weinst du? Sie antwortete ihnen: Sie haben meinen
Herrn weggenommen und ich weiß nicht, wohin sie ihn gelegt haben. 14 Als sie das gesagt hatte, wandte sie
sich um und sah Jesus dastehen, wusste aber nicht, dass es Jesus war. 15 Jesus sagte zu ihr: Frau, warum weinst
du? Wen suchst du? Sie meinte, es sei der Gärtner, und sagte zu ihm: Herr, wenn du ihn weggebracht hast, sag
mir, wohin du ihn gelegt hast! Dann will ich ihn holen. 16 Jesus sagte zu ihr: Maria! Da wandte sie sich um und
sagte auf Hebräisch zu ihm: Rabbuni!, das heißt: Meister. 17 Jesus sagte zu ihr: Halte mich nicht fest; denn ich
bin noch nicht zum Vater hinaufgegangen. Geh aber zu meinen Brüdern und sag ihnen: Ich gehe hinauf zu
meinem Vater und eurem Vater, zu meinem Gott und eurem Gott. 18 Maria von Magdala kam zu den Jüngern
und verkündete ihnen: Ich habe den Herrn gesehen. Und sie berichtete, was er ihr gesagt hatte.

M4 Joh 20,1-18

3 **M1** ist der ursprüngliche Schluss des Markusevangeliums. Schlagt in der Bibel nach, was hinzugefügt wurde, und erschließt den Grund dafür.

4 Auf dem Fresko **M5** seht ihr die vier Evangelisten mit ihren **Symbolen**. Informiert euch über deren Herkunft und mögliche Deutungen.

Die gute Nachricht vergleichen – Gemeinsamkeiten und Unterschiede zwischen den Evangelien II

31 Ein anderes Gleichnis trug er ihnen vor und sprach: Das Himmelreich gleicht einem Senfkorn, das ein Mensch nahm und auf seinen Acker säte. 32 Es ist das kleinste von allen Samenkörnern. Sobald es aber ausgewachsen ist, ist es größer als (alle) Kräuter und wird ein Baum, sodass die Vögel des Himmels kommen und in seinen Zweigen wohnen. 33 Ein anderes Gleichnis sagte er ihnen: Das Himmelreich ist einem Sauerteig gleich, den eine Frau nahm und unter drei Scheffel Mehl mengte, bis es ganz durchsäuert war.	30 Und er sprach: Womit sollen wir das Gottesreich vergleichen oder mit welchem Gleichnis es darstellen? 31 Es gleicht einem Senfkorn, das, wenn es auf die Erde gesät wird, das kleinste von allen Samenkörnern auf der Erde ist; 32 sobald es aber gesät ist, geht es auf und wird größer als alle Kräuter und treibt große Zweige, sodass unter seinem Schatten die Vögel des Himmels wohnen können.	18 Er sprach nun: Wem ist das Gottesreich gleich, und womit soll ich es vergleichen? 19 Es ist einem Senfkorn gleich, das ein Mensch nahm und in seinen Garten säte, und es wuchs und wurde zu einem Baum und die Vögel des Himmels wohnten in seinen Zweigen. 20 Und wiederum sprach er: Womit soll ich das Gottesreich vergleichen? 21 Es ist einem Sauerteig gleich, den eine Frau nahm und unter drei Scheffel Mehl mengte, bis es ganz durchsäuert war.
M1 Mt 13,31-33	M2 Mk 4,30-32	M3 Lk 13,18-21

Da in den drei Evangelien Mt, Mk und Lk einige Gemeinsamkeiten auffallen und sie sich nebeneinander abgedruckt gut vergleichen lassen, nennt man sie die **synoptischen Evangelien**. Der Begriff „Synopse" stammt aus dem Griechischen und bedeutet „Zusammenschau". So wird auch das Buch bezeichnet, das die drei synoptischen Evangelien nebeneinander abdruckt und dadurch vergleichbar macht. M1 bis M3 sind ein Auszug aus einer solchen Synopse.

Aufgaben

1 Auf der vorherigen Doppelseite habt ihr bereits festgestellt, dass es in den Auferstehungserzählungen von drei Evangelisten bei allen Unterschieden auch relativ große Ähnlichkeiten gibt. Untersucht daraufhin nun das euch bereits bekannte **Gleichnis** vom Senfkorn (M1 bis M3 , vgl. auch S. 66), das es in ähnlicher Form nur bei Matthäus, Markus und Lukas, aber nicht bei Johannes gibt.

2 Versucht, eure Befunde zu erklären. Bezieht bei euren Überlegungen auch M4 mit ein.

Durch zahlreiche synoptische Vergleiche hat man eine Antwort auf die synoptische Frage, also die Frage nach einer Erklärung für die auffälligen Gemeinsamkeiten und Unterschiede zwischen den Evangelien, gefunden. Unter den drei Synoptikern hat Markus das erste Evangelium verfasst, daher spricht man von der Markuspriorität. Sein **Evangelium** kannten sowohl Matthäus als auch Lukas und nahmen es als Grundlage für ihre Werke. Johannes arbeitete völlig unabhängig von den drei Synoptikern. Matthäus und Lukas weisen jedoch in ihren Evangelien teils wörtliche Übereinstimmungen über Markus hinaus auf, obwohl die meisten Bibelwissenschaftler sicher sind, dass sich die beiden nicht kannten. Daher geht man davon aus, dass die beiden eine weitere gemeinsame Quelle neben Markus verwendet haben. Diese ist heute verloren, lässt sich aber aus den Übereinstimmungen von Matthäus und Lukas unabhängig von Markus z.T. rekonstruieren. Weil es sich bei diesen Übereinstimmungen vornehmlich um Jesus-Worte handelt, bezeichnet man diese Quelle auch als Logienquelle Q (griech.: λόγιον = Spruch). Da Matthäus und Lukas somit zwei gemeinsame Quellen benutzten, spricht man auch von der **Zwei-Quellen-Theorie**. Beide haben jedoch auch jeweils eigenes Sondergut, das sich weder bei Markus noch in Q findet.

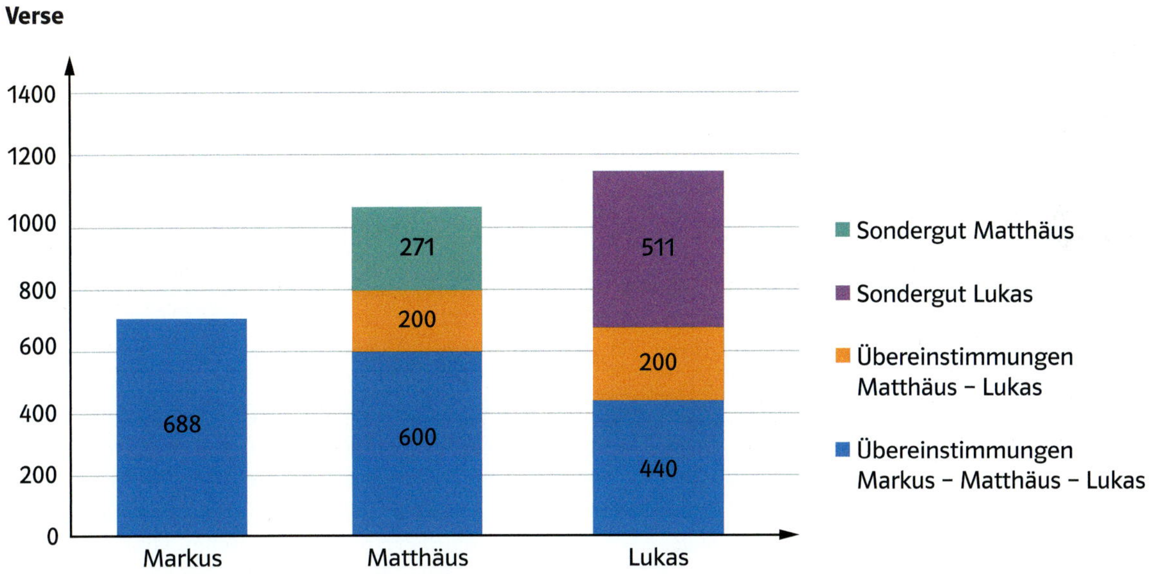

M4 Gemeinsamkeiten und Unterschiede zwischen den Evangelien nach Versen

3 Logienquelle Q, Markuspriorität, Sondergut, Synopse, Synoptiker, Zwei-Quellen-Theorie – ganz schön viele Fachtermini. Erstellt ein kleines Lexikon, das diese Begriffe kurz erklärt.

4 Fertigt auf der Basis eurer Erkenntnisse und der Informationen auf dieser Seite eine grafische Übersicht an, aus der die Abhängigkeiten der drei Evangelien nach/von Matthäus, Markus und Lukas hervorgehen.

5 Ordnet die folgenden Stellen aus dem Matthäusevangelium begründet ihrer jeweiligen Quelle zu. Die Anmerkungen und Querverweise in eurer Bibelausgabe können hierbei hilfreich sein: Mt 2,13-15; Mt 3,1-12; Mt 5,3-12; Mt 13,44-46.

6 Abschreiben kommt ja nicht nur unter Evangelisten vor … Vergleicht den Zusammenhang der Evangelien untereinander mit dem Abschreiben in der Schule, z.B. während einer Stegreifaufgabe in Katholischer Religionslehre, und findet sowohl Gemeinsamkeiten als auch Unterschiede.

Die gute Nachricht verstehen – der größte Retter aller Zeiten

Chris [die Hauptfigur in Salah Naouras Jugendbuch „Chris, der größte Retter aller Zeiten"] rettet ausnahmslos alles und jeden, egal, ob Vögel, Spinnen oder Omas, die die Straße überqueren. Ein Superretter eben. Nur bei Titus, dem Neuen in der Klasse, scheint er zu scheitern.

› Es war mitten im sechsten Schuljahr, als der Vampir zu ihnen in die Klasse kam. Er trug schwarze Hosen und ein blutrotes T-Shirt, und Chris sah auf den ersten Blick, dass er dringend Hilfe brauchte, denn er war bleich und dürr und hatte tiefe, dunkle Schatten unter den Augen. Während Frau Vogler eine kleine Begrüßungsrede hielt und ihn vorstellte, stand er müde neben ihr, ließ seine langen Arme hängen und schwankte hin und her, als könnte er vor Schwäche jeden Moment umkippen. Alles an ihm hing: die Schultern, der Kopf und die Haare. Frau Vogler nannte seinen seltsamen Namen: Titus. Aber als sie erklären wollte, warum er mitten im Jahr die Schule wechselte, unterbrach er sie und verkündete:
„Ich bin ein Vampir."
Als wäre es irgendeine logische Erklärung. Die Klasse kicherte, und Frau Vogler wirkte etwas irritiert und schob zwinkernd ihre Brille, die dazu neigte, nach unten zu rutschen, wieder hoch.
„Schön", sagte sie. „Du kannst dich neben Christoph setzen." Der Vampir war zweifellos ein ganz normaler Mensch, denn er roch menschlich. *Ausgesprochen* menschlich, fand Chris.
„Hast du in den letzten hundert Jahren mal geduscht?", fragte André vom Nachbartisch.
„Vampire brauchen nicht zu duschen", informierte ihn der Neue. „Weil sie nicht schwitzen."
„Dann bist du keiner", erwiderte André. Chris musterte den Neuen verstohlen und entdeckte auf dem roten T-Shirt in der Nähe des Kragens eine kleine, klebrige gekochte Nudel, die verriet, dass der Vampir normale Nahrung zu sich nahm. Außerdem hatte er am rechten Ellbogen eine rote Schürfwunde – also floss in seinen Adern Blut.
„Leo, würdest du bitte dein Picknick beenden, damit wir anfangen können?", sagte Frau Vogler mit einem strengen Blick in die dritte Reihe.
Chris drehte den Kopf und sah, wie sich der coole Leo, der hinter ihm saß, grinsend eine dicke blaue Weintraube in den Mund steckte. Wie sich sein Gesichtsausdruck im nächsten Moment veränderte und ein heftiger Ruck durch seinen Körper ging. Und wie er die Augen aufriss und den Mund öffnete, um etwas zu sagen – doch es kam kein Ton heraus.
Frau Vogler runzelte die Stirn. „Leo?"
Leo liefen Tränen über beide Wangen. Sein Blick wurde panisch und sein Gesicht lief rot an. Offensichtlich war die Traube in seinem Hals stecken geblieben und versperrte nun die Luftröhre.
Frau Vogler rief „O Gott!", ließ ihren Kuli fallen und rannte los, aber Chris war schneller. Mit einer einzigen geschmeidigen Bewegung sprang er erst auf Leos Tisch und dann auf der anderen Seite wieder herunter, packte Leo unter den Schultern und

Aufgaben

1 „Wäre Christoph nicht vor elf, sondern vor zweitausendfünfzehn Jahren geboren worden, hätten die Menschen ihn womöglich mit Jesus verwechselt." Begründet diese Aussage der Lehrerin auf der Basis der Eindrücke, die ihr von Chris aus dem Textauszug **M1** gewonnen habt.

2 Stellt konkrete Vergleiche an zu Jesus und seinem Handeln, wie ihr es in diesem Kapitel kennengelernt habt. Arbeitet dabei auch Unterschiede heraus.

3 Titus ist zunächst eine Randfigur, rückt aber im Laufe des Buchs immer mehr ins Zentrum der Aufmerksamkeit. Verfasst anhand von **M1** seine Gedanken, während er als neuer Schüler in die Klasse kommt. Achtet dabei besonders darauf, welche Ängste Titus in diesem Moment plagen könnten.

zerrte ihn von seinem Stuhl. Er umschlang ihn von hinten mit beiden Armen, verschränkte die Hände ineinander und zog mit aller Kraft dreimal in rascher Folge, wobei seine Fäuste sich in Leos Magengrube pressten. Beim dritten Mal kam die Traube wie eine kleine blaue Kanonenkugel aus Leos Mund geschossen und zerplatzte schmatzend an der Tafel.
Leo rang röchelnd nach Luft und Frau Vogler stieß einen Seufzer der Erleichterung aus und blickte Chris verdutzt an. „Woher wusstest du, was in einem solchen Fall zu tun ist?"
„*Erste Hilfe für Helfer*, Kapitel 3", antwortete Chris. „Ertrinken und ersticken."
In der großen Pause gab es einen Tumult. Fast die ganze Klasse umringte den Neuen und alberne Witzeleien über Untote prasselten auf ihn ein. Chris ging dazwischen und beendete das Durcheinander, indem er „Lasst ihn in Ruhe" sagte. Die Menge murrte und ein paar weitere Bemerkungen fielen. Dann aber zerstreute sie sich.
Der Neue starrte ihn eine ganze Weile an. „Wieso machst du das?", fragte er schließlich.
„Was?"
„Mir helfen."
Chris zuckte mit den Schultern und starrte zurück. Im hellen Sonnenlicht wirkte die Haut des Vampirs nicht nur blass, sondern fast schon grau. Seine Augen waren so rot, als hätte er die ganze Nacht am PC gesessen. Und er sah wirklich hungrig aus.
„Ich habe ein Käsebrot dabei", sagte Chris. „Und ich hasse Käse", log er. „Willst du's haben?"
Der Neue stürzte sich auf das Käsebrot und schlang es so gierig hinunter, wie Omas Foxterrier Rocco beim Metzger immer seine Wurst fraß – beinahe ohne zu kauen.
„Danke. Du bist echt komisch."
Chris runzelte die Stirn. „Wieso komisch?"
„Weiß nicht." Er wischte sich ein paar Krümel vom Mund. „Ungewöhnlich halt."
Das stimmte.
Chris *war* ungewöhnlich. Beim letzten Elternsprechtermin hatte Frau Vogler mit Tränen in den Augen zu seiner Mutter gesagt: „Ihr Sohn ist das liebevollste Kind, das ich kenne. Er hilft anderen, wo er nur kann. Er ist großzügig und teilt alles, was er hat. Er schlichtet Streit. Er ist sehr beliebt und einstimmig zum Klassensprecher gewählt worden. Ich bin wirklich froh, ihn in meiner Klasse zu haben." Und da Frau Vogler außer Mathe und Englisch auch Religion unterrichtete, fügte sie mit bebender Stimme hinzu: „Wäre Christoph nicht vor elf, sondern vor zweitausendfünfzehn Jahren geboren worden, hätten die Menschen ihn womöglich mit Jesus verwechselt. Nein wirklich, Frau Gerner, das meine ich vollkommen ernst!" ❮

M1 Salah Naoura, Chris, der größte Retter aller Zeiten, S. 5–9

4 Sammelt weitere Ereignisse und Situationen, die Jugendlichen in eurem Alter Sorge bereiten und sogar Angst machen können. Überprüft anschließend, inwiefern die verheißungsvolle Botschaft Jesu, seine Worte und sein Handeln, eine Antwort darauf sein können.

5 Wenn Chris von seiner Lehrerin mit Jesus verglichen wird, müsste er mit Titus im weiteren Verlauf der Handlung in einer bestimmten Art und Weise umgehen. Setzt die Geschichte in diesem Sinne fort.

Ängste – und Hoffnungen

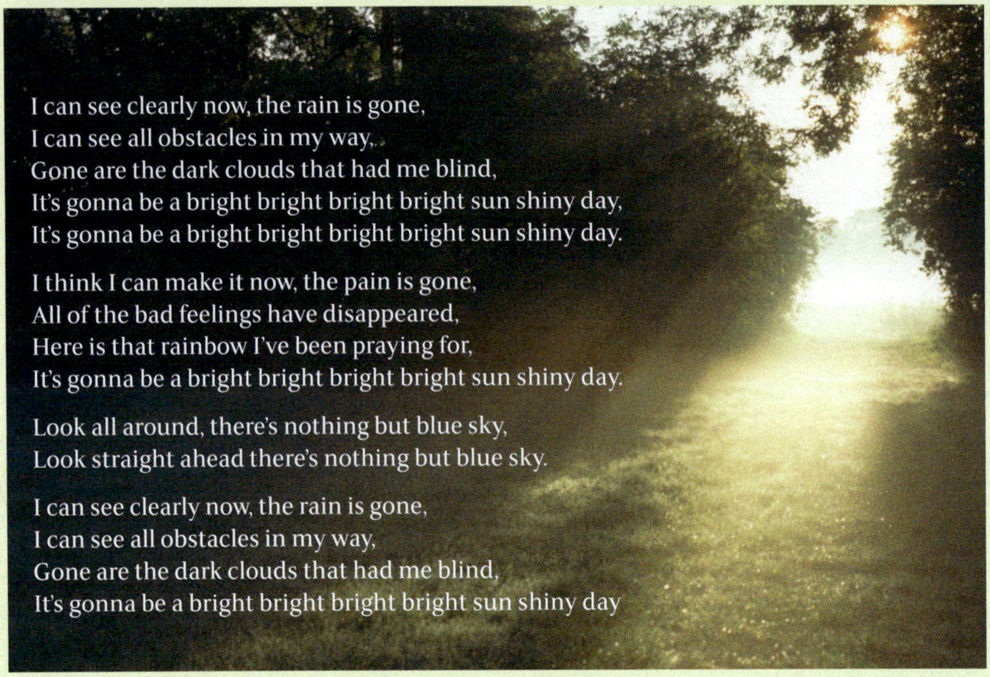

I can see clearly now, the rain is gone,
I can see all obstacles in my way,
Gone are the dark clouds that had me blind,
It's gonna be a bright bright bright bright sun shiny day,
It's gonna be a bright bright bright bright sun shiny day.

I think I can make it now, the pain is gone,
All of the bad feelings have disappeared,
Here is that rainbow I've been praying for,
It's gonna be a bright bright bright bright sun shiny day.

Look all around, there's nothing but blue sky,
Look straight ahead there's nothing but blue sky.

I can see clearly now, the rain is gone,
I can see all obstacles in my way,
Gone are the dark clouds that had me blind,
It's gonna be a bright bright bright bright sun shiny day

M2 Sonnenaufgang

M1 I can see clearly now, Text und Melodie: Johnny Nash

Aufgaben

1 Erfasst den Liedtext M1 inhaltlich. Nehmt hierzu bei Bedarf ein Englisch-Wörterbuch zur Hilfe.

2 Stellt zusammen, wie in M1 die Angst der Vergangenheit angedeutet, v.a. aber Hoffnung auf die Zukunft ausgedrückt wird. Berücksichtigt dabei auch das Bild M2 .

3 Vergleicht die Denkrichtung des Liedes mit der des Markus: Wo ist bei ihm von den Ängsten seiner Zeitgenossen die Rede, wo zeigt er Hoffnung für die Zukunft auf? Bezieht bei euren Überlegungen auch den Entstehungszusammenhang des Markusevangeliums und das Eingangsbild zu diesem Kapitel auf S. 57 ein.

4 Wiederholt die Entstehungsgeschichte der **Evangelien** und deren Abhängigkeit untereinander. Zeigt abschließend auf, dass die vier Evangelisten trotz aller Unterschiede die eine frohe Botschaft verkünden.

5 Auch die Welt heute könnte eine frohe Botschaft vertragen. Sammelt Zeitungsausschnitte, in denen es um aktuelle Ängste und Nöte der Menschen geht. Verfasst anschließend gute Nachrichten für diese Menschen, die auf die **Reich-Gottes**-Botschaft Jesu zurückgreifen.

6 Verschiedene **Gleichnisse** Jesu machen deutlich: Das Reich Gottes ist Geschenk an den Menschen, aber auch Aufgabe für den Menschen. Recherchiert, wo sich Jugendliche eures Alters konkret für Versöhnung, Frieden, Gemeinschaft und Zukunft engagieren, und überlegt, wie ihr einen Beitrag dazu leisten könnt.

Die Geschichte des Christentums im Mittelalter zwischen Macht und Spiritualität

4

Die Christianisierung Bayerns

In dem folgenden Kapitel wollen wir uns auf eine Reise durch die sieben (Erz-)Bistümer Bayerns begeben. Wir werden der Frage nachgehen, wie das Christentum nach Bayern kam und welche Folgen und Auswirkungen die Christianisierung (d.h. das Christlichwerden) Bayerns in der Zeit ab dem 4. Jh. bis zum 14. Jh. hatte.

M1 Karte der (Erz-)Bistümer Bayerns

Die antike Mission

Im 4. Jh. breitete sich das Christentum im ganzen Römischen Reich aus und erreichte auch die weit abgelegenen Grenzstädte wie Castra Regina (Regensburg), Passavia (Passau) oder Augusta Vindelicum (Augsburg). Fundstücke, besonders Grabsteine aus dieser Zeit, zeigen, dass bereits im 4. Jahrhundert Teile der bayerischen Bevölkerung wie die oben genannten römischen Städte einen christlichen Bevölkerungsanteil hatten. Für das 5. Jh. ist für Passau das Wirken des heiligen Severin, des ersten **Bistumspatrons** Passaus, und für Augsburg das Martyrium der heiligen Afra, der ersten Bistumspatronin des Bistums Augsburg, durch Quellen belegt.

M2 Historisches Museum der Stadt Regensburg, Grabstein der Sarmannina: Ein Zeugnis frühchristlichen Glaubens in Regensburg. Die Inschrift des Grabsteins lautet: *in beatam memoriam Sarmanninae quiescenti in pace martyribus sociatae* (d. h. „Zum seligen Gedächtnis der Sarmannina, die im Frieden ruht, mit den Märtyrern vereint").

Nach dem Ende des Römischen Reiches im Jahr 476 wurden die stabilen christlichen Verhältnisse, die es bereits seit Kaiser Konstantin auch in den römischen Provinzen wie Noricum und Raetien (dem heutigen Bayern) gab, durch die Wirren der Völkerwanderung verändert. Während im Römischen Reich seit Kaiser Konstantin Kirche und Staat eng miteinander verbunden waren, wurde diese Zusammenarbeit durch die Völkerwanderung zerstört. Neue Völker eroberten Bayern und brachten ihre germanische Religion mit. Ein Kennzeichen der germanischen Religion war das sogenannte „gentile"-Denken. Das bedeutet, dass es wesentliches Merkmal einer intakten germanischen Glaubensgemeinschaft war, gemeinsam nach festen Formen denselben Gott zu verehren.

Die irische Mission im 6./7. Jahrhundert
Entscheidend für die Christianisierung Bayerns war das Wirken von iro-schottischen Missionaren, die den politischen Rückhalt der jeweiligen Herrscherfamilien hatten. So kam der Missionar Kilian, der erste Bistumspatron Würzburgs, mit seinen Gefährten nach Würzburg, wo sie den dort residierenden Herzog Gozbert für das Christentum gewannen.
In Freising wirkte der Missionar Korbinian, der **Bistumspatron** des Erzbistums München-Freising. Exemplarisch kann die irische Mission an dem Wirken des heiligen Emmeram, dem Bistumspatron Regensburgs, aufgezeigt werden. Im 6. Jahrhundert übernahmen die Agilolfinger die Herrschaft in Bayern und riefen ein eigenes Herzogtum mit der Hauptstadt Regensburg ins Leben.

Der Agilolfinger Herrscher Theodo bat den christlichen Missionar Emmeram am Ende des 7. Jh., das Bistum neu zu ordnen. Über das Leben des Emmeram wissen wir aus einer Beschreibung seines Lebens, die zwar viele Legenden und Wundertaten, aber auch einen historischen Kern beinhaltet:

› Nach einigen Jahren des Wirkens am Hof Herzog Theodos kam eines Tages dessen Tochter Ota zu ihm und vertraute ihm an, dass sie schwanger sei vom Sohn eines einfachen Bediensteten. Um sie vor dem Zorn der Familie zu schützen, riet Emmeram ihr, sie solle ihn selbst als Vater angeben. Er verließ die Stadt; doch Lanpert, der Sohn des Herzogs, stellte ihm mit ein paar seiner Leute nach, holte ihn ein und brachte ihn auf offenem Feld um, indem er ihn bei lebendigem Leib in Stücke hauen ließ. In Gestalt eines Unwetters bekam Herzog Theodo den Zorn Gottes zu spüren; zur **Buße** veranlasste er schließlich, dass der Leichnam Emmerams nach Regensburg zurückgebracht und dort feierlich beigesetzt wurde. Am Bestattungsort, einer alten Kirche, entwickelte sich in der Folge das Kloster Sankt Emmeram. ‹

M3 Lebensbeschreibung des Emmeram

Aufgaben

1 Erklärt anhand der Informationstexte den Ablauf der antiken und der irisch-schottischen Mission.

2 Recherchiert nach den Bistumspatronen eures Bistums und arbeitet heraus, in welchem Zusammenhang diese mit der Christianisierung eures Bistums stehen. Bezieht dazu auch die Informationen aus **M1** bis **M3** mit ein.

3 Beschreibt die Auswirkungen, die die Missionsphasen für die Kultur und Gesellschaft hatten.

Bonifatius – die angelsächsische Mission

Bischöfe wie Emmeram und Herrscher wie Theodo hatten die Grundlagen für die Kirche in Bayern gelegt. Um jedoch den Einfluss der damals mächtigen Franken auf die Kirche von Bayern zu schmälern und das Bistum neu zu ordnen, kam der bedeutendste Missionar des 8. Jahrhunderts, der Engländer bzw. Angelsachse Wynfreth, nach Bayern. Fast 40-jährig ging Wynfreth im Jahr 718 von England nach Rom, um sich von Papst Gregor II. (715–731) zum Missionar bei den Heiden ernennen zu lassen. Dem Brauch entsprechend erhielt er dabei einen neuen Namen: Bonifatius.
Die Aufgabe des Bonifatius bestand darin, den Glauben in den aufgesuchten Gebieten zu vertiefen und die Bistümer neu zu ordnen. Trotz der bereits erfolgten Missionierung wurde der christliche Gott vielfach unter den Germanen nur als ein Gott neben vielen anderen gesehen. Wie konnte man „beweisen", dass der christliche Gott der stärkere Gott ist?

Bonifatius und die Eiche von Geismar

› Bonifatius unternahm es, im Beisein der Gottesknechte, bei Geismar eine Eiche von seltener Größe, die mit ihrem alten heidnischen Namen die Donareiche hieß, zu fällen. Als er nun entschlossen einige Axthiebe gegen den Baum geführt hatte – es stand aber eine große Heidenmenge dabei, die den Feind ihrer Götter heftig verfluchte –, da zerbarst die Eiche in vier Teile, und vier gewaltig große, gleich lange Stücke waren zu sehen, ohne dass die dabeistehenden Brüder mitgeholfen hatten. Bei diesem Anblick priesen die Heiden, die zuvor geflucht hatten, den Herrn, ließen von ihrem früheren bösen Willen ab und glaubten. ‹

M1 Willibald, Das Leben des heiligen Bonifatius

Bonifatius und die bayerischen Bistümer

› Du hast also berichtet, dass du zum Volk der Bayern gekommen bist und gesehen hast, dass sie außerhalb der kirchlichen Ordnung stehen, indem sie dort keine Bischöfe hatten, bis auf einen namens Vivilo. Mit Zustimmung des Bayernherzogs hast du drei weitere Bischöfe geweiht und hast das Gebiet in vier Teile geteilt, d. h. in vier Bistümer, sodass jeder Bischof sein Bistum hat. ‹

M2 Papst Gregor III, Brief an Bonifatius

Bonifatius ordnete die Bistümer Passau, Regensburg, Würzburg und Salzburg neu. Sein Schüler Willibald begründete das Bistum Eichstätt. Erst im 11. Jahrhundert kam es dann auch zur Gründung des Bistums Bamberg. Damit war die Grundlage für eine Entwicklung gelegt, die schließlich zu den sieben heute bestehenden bayerischen Bistümern führte.

Aufgaben

1 Tragt anhand von **M1** und **M2** zusammen, wie es Bonifatius gelungen ist, so viele Menschen zum christlichen Glauben zu bekehren.
2 Untersucht, welche Bedeutung Bonifatius für euer eigenes Bistum zukommt. Informationen und Materialien dazu findet ihr zum Beispiel auf der Homepage eures Bistums.
3 Erklärt, warum Bonifatius den Titel „Apostel der Deutschen" erhalten hat und welche Bedeutung ihm insbesondere für die kirchliche Organisation Bayerns zukommt.

Wer ist Bonifatius? – Erzbischof Hans-Josef Becker gibt darüber Auskunft:

❯ Er ist Brückenbauer und Inspirator, „Aussteiger und Draufgänger“, Anfänger und Neuanfänger. Brückenbauer war er zwischen Rom und der deutschen Kirche seit 719 als päpstlicher Legat. Brückenbauer war er zwischen den Klöstern seiner englischen Heimat und seinen Gründungen auf dem Festland. Inspiriert, begeistert, ermutigt hat er die Mitarbeiterinnen in den Klöstern, wie Lioba, Thekla und Walburga und die Mitarbeiter in den Aufgaben als Missionsäbte und Bischöfe. Getragen vom Gebet konnte so an wichtigen Orten die Missionsarbeit gesichert und aufgebaut werden.
Mit 40 Jahren verließ er seine englische Heimat und den Rhythmus seines klösterlichen Lebens, weil ihn Gottes Ruf in die Mission auf das Festland rief. Er gab seine Sicherheiten auf und legte selbst seinen Namen ab, als ihn der Papst als Missionsbischof nördlich der Alpen aussandte.
Draufgängerisch fällte er die Donareiche bei Fritzlar und erbaute aus ihren vier Teilen ein Kirchlein an einem geprägten heiligen Ort. Mehr Mut brauchte er, als er auch ohne staatliche Unterstützung im unruhigen Missionsgebiet Klöster und Schulen errichtete, aus denen Orte religiösen, wirtschaftlichen und kulturellen Aufbruchs wurden. Am meisten verlangte sich der 80jährige Bischof ab, als er zur Missionsreise nach Westfriesland 754 aufbrach und den gewaltsamen Tod bereitwillig annahm.
Anfänger war er, als er die Diözesen in Erfurt, Eichstätt und Würzburg errichtete. Anfänger blieb er, als er die Kirche in Bayern neu ordnete, sodass sich ihre Grenzen auch nach 1250 Jahren kaum geändert haben. Als bedeutsamer Anfänger erwies er sich, als er landesweite Synoden zusammenrief, um Missständen zu wehren.
Neben dem Zauber des Anfangsglücks erlebte er bittere Enttäuschungen: Kirchen wurden zerstört, Klöster ausgeraubt, der sittliche Tiefstand seiner Zeitgenossen machte ihm Sorge. Auch die Synoden blieben weitgehend ohne tiefgreifende Wirkung. Aber immer wieder wagte er einen Neuanfang, um der Frohbotschaft bei unseren Vorfahren Gehör zu verschaffen. ❮

M3 Hans-Josef Becker, Wer ist Bonifatius?

M4 Bonifatius fällt die Donareiche, um 1900

4 Beschreibt, wie Bonifatius in dem Gemälde **M4** dargestellt wird. Vergleicht eure Beobachtungen mit den Charaktereigenschaften, die ihm in **M3** zugeschrieben werden.

5 Erstellt mithilfe der hier vorliegenden Informationen einen Steckbrief zum Leben des Heiligen Bonifatius.

Die Folgen der Christianisierung am Beispiel der Taufe

Die Art und Weise der Christianisierung bei den Germanen hatte auch Auswirkungen auf die Taufpraxis. Heute ist es für uns alle selbstverständlich, dass die **Taufe** im Säuglingsalter geschieht. Diese Praxis hat ihren Ursprung im Mittelalter, in dessen Verlauf die Taufe immer schneller und früher vollzogen wurde. War in der Antike und im frühen Mittelalter noch eine langjährige Vorbereitung mit intensiver Glaubensunterweisung und Prüfung, das sogenannte Katechumenat, Voraussetzung für die Taufe, wurde darauf im Laufe der Zeit zunehmend verzichtet.
Im 8. Jahrhundert wandelte sich die Taufe zum „Geburtsritual", wie wir es heute kennen. Mit der Veränderung des Taufalters war auch eine Veränderung des Taufritus verbunden. Stark in den Mittelpunkt rückte der richtige Vollzug der Taufe mit allen Symbolhandlungen, die noch die heutige Taufpraxis bestimmen, und die Bedeutung der Austreibung der Dämonen, die durch die Taufe gebannt und bezwungen werden mussten. So musste sich der Täufling von Donar, Wotan und allen *unholdun*, also „unholden", bösartigen germanischen Dämonen und Gottheiten lossagen. Die Menschen hielten nicht selten auch nach der Taufe an Wahrsagerei, Hexenglaube, Schadenszauber und Ritualen an Bäumen (vgl. Bonifatius) fest, sodass sich das christliche **Wallfahrts**wesen aus den Umzügen aus germanischer Zeit, der **Reliquien**kult (s. S. 90) in Anlehnung an Talismane, also Glücksbringer, entwickelte. Seit dem 8. Jh. fanden die Taufen in einer Taufkirche, einem sogenannten Baptisterium (s. M1), statt. Wenn keine Kirchen oder Taufbecken vorhanden waren, mussten die Täuflinge in einem Fluss getauft werden.

M1 Baptisterium San Giovanni Battista in Grado

Aufgaben

1 Arbeitet aus dem Info-Text und dem Bild M1 heraus, wie sich die Taufe bis ins 8. Jahrhundert veränderte, und bringt dabei auch eure Kenntnisse über die Taufe im Urchristentum aus der 6. Jahrgangsstufe ein.

2 Vergleicht die auf der folgenden Seite beschriebene und im Bild M2 wiedergegebene Praxis unter Chlodwig und Karl dem Großen mit der ursprünglichen Taufpraxis und nehmt Stellung zu den Veränderungen.

Die Stammestaufe Chlodwigs

M2 Jean-François Gigoux, Chlodwigs Taufe, 1850, also in einer historisierenden Darstellung des 19. Jahrhunderts

Das bekannteste Beispiel einer Stammestaufe bietet die Taufe des Frankenherrschers Chlodwig (†511). Dieser ließ sich im Jahr 498 zusammen mit seinem Gefolge taufen, nachdem er in einer Schlacht mit den Alemannen ausgerufen hatte, dass er die eigenen Götter als ohnmächtig erfahre, aber dem von seiner Frau Chrodechilde bezeugten Christengott zu folgen bereit sei, sofern dieser ihn der Macht der Feinde entreiße.
Chlodwig ging mit der Taufe ein großes Risiko ein. Sein Herrschaftsanspruch gründete auch in dem Anspruch, von halbgöttlicher Herkunft zu sein. Mit der Taufe endete diese göttliche Herkunft mit möglichen negativen Folgen, falls die Christianisierung nicht erfolgreich gewesen wäre. Mit der Taufe des Stammesführers wurde auch die Taufe seines Volkes angeordnet. Diese sogenannte „Taufe von oben her“ vollzog Chlodwig bereits unmittelbar nach seiner Taufe, indem ihm der Überlieferung nach 3000 seiner Gefolgsleute zum Taufbecken folgen mussten.

Die Massentaufe im Zeitalter Karls des Großen

Im Jahr 782 verkündet der Frankenkönig Karl im Krieg gegen die Sachsen:

› Wer sich fortan vom Stamm der Sachsen ungetauft unter ihnen verbirgt, es verachtet, zur Taufe zu kommen und Heide bleiben will, der soll des Todes sterben. ‹

M3 Alkuin, Briefe (Alkuin war der Hofgelehrte Karls des Großen)

Ein trauriger Höhepunkt war in diesem Zusammenhang das sogenannte Blutbad von Verden, ein Strafgericht, dem allein 4500 Sachsen zum Opfer fielen. Diese erzwungene Taufpraxis blieb aber nicht ohne Widerspruch:

› Man kann den Menschen zum Glauben ziehen, aber nicht zwingen. [...] Ein Mann soll für sich bekennen, was er glaubt und wünscht. Wer fälschlich den Glauben bekennt, der wird in Wahrheit das Heil nicht haben. Daher müssen die Prediger der Heidenvölker mit friedlichen und klugen Worten den Glauben lehren. [...] Aber auch nach der Annahme des Glaubens und der Taufe muss man den schwachen Seelen mildere Gebote geben. ‹

M4 Alkuin, Briefe

3 Diskutiert, auf Grundlage von M2 bis M4, welche Bedeutung dabei jeweils der Glaubensentscheidung des Einzelnen zukommt.

4 Mit der heute üblichen Säuglingstaufe nehmen die Eltern diese Entscheidung gleichsam vorweg, damit das Kind vom Beginn seines Lebens an in die Gemeinschaft der Gläubigen aufgenommen wird. Erläutert vor diesem Hintergrund die Bedeutung des **Sakraments** der **Firmung** (vgl. dazu S. 52 f.) und setzt dieses Sakrament zur frühchristlichen Praxis in Beziehung.

Ausdrucksformen mittelalterlicher Frömmigkeit

Der Reliquienkult

Vom Augsburger **Bistumspatron** Bischof Ulrich (†973) wird in seiner Lebensbeschreibung berichtet, dass er den Wunsch geäußert habe, **Reliquien** von Heiligen zu erwerben. In einer Kirche wird Ulrich gegen eine Belohnung das Haupt des Märtyrers Abundus angeboten, das er nach Augsburg überführte. Derartige Berichte sind im Mittelalter keine Seltenheit. Wie kommt es aber dazu, dass Gebeine oder Gewandfetzen, Steine oder Holzteilchen eine derartige Ausstrahlung hatten, dass diese in feierlichen Prozessionen den Bischöfen übergeben und für den Bau von Kirchen benötigt wurden?

Bereits im 2. Jahrhundert, also im frühen Christentum setzte die Märtyrer- und Heiligenverehrung ein. Getragen war sie von der Hoffnung, dass Märtyrer und Heilige als Fürsprecher bei Gott dienen könnten, um für die Menschen Schutz und Vergebung zu erflehen. Diese Verehrung erstreckte sich auch auf Orte, die der Überlieferung nach mit dem Leben und Wirken der Heiligen in Verbindung standen (vgl. S.85, Sankt Emmeram). So wurden an diesen Orten und über dem Grab auch bald Kirchen gebaut. Manchen war es jedoch nicht genug, nur einmal an einem solchen Ort zu Besuch gewesen zu sein. Man glaubte, dass den körperlichen Überresten auch nach dem Tod noch eine wirkmächtige Kraft zu eigen sei. So wurden Reliquien an Orte und Kirchen überführt, an denen keine Märtyrer beerdigt waren. Notfalls gab man sich aber auch mit sogenannten Sekundärreliquien, wie zum Beispiel Kleidungsstücken, zufrieden, wenn keine Knochen zur Verfügung standen. In feierlichen Prozessionen wurden diese Reliquien zur Schau gestellt.
Es wird berichtet, dass in Nürnberg zu Beginn des 14. Jhdts. 120 Reliquien zu sehen waren. Darunter waren die Heilige Lanze, ein Span vom Holz des Heiligen Kreuzes, ein Arm der Heiligen Anna, ein Zahn von Johannes dem Täufer, die goldene Krone von Kaiser Karl sowie die Lanze des Märtyrers Sankt Mauritius. Zu besonderen Anlässen wurden diese Reliquien der Öffentlichkeit präsentiert (die sogenannte Heiltumsweisung). Dann kamen die Menschen sogar mit einem Spiegel zu dieser Veranstaltung, um die gespiegelte Reliquie mit nach Hause nehmen zu können.

M1 Heilstumsweisung der Reichskleinodien in Nürnberg, 1487

Aufgaben

1 Beschreibt M1 (auch auf der Eingangsseite des Kapitels) genau.
2 Der Kirchenhistoriker Arnold Angenendt schreibt über die Reliquienverehrung, dass über sie heute praktisch nicht mehr gesprochen werde und die allgemeine Ratlosigkeit dazu bereits in Peinlichkeit umgeschlagen sei. Nehmt zu dieser Aussage kritisch Stellung.

Das Pilgern

Nachdem unter Konstantin dem Großen (306–337) das Christentum zur erlaubten Religion geworden war wie ihr in der sechsten Jahrgangsstufe erfahren habt, förderte er das Pilgerwesen besonders in Rom und Jerusalem. Ab dem 5. Jahrhundert wurden die Reliquien von Märtyrern, die sich in Gräbern der Stadt Rom befanden, in Kirchen gebracht, damit die Pilger mit diesen in Berührung kommen konnten. Alle Bistümer wollten nun Reliquien haben, um ihre Attraktivität zu steigern. In der Diözese Antiochia pilgerte man sogar im großen Stil zu lebenden Heiligen wie Simeon (vgl. S. 93). Wallfahrten wurden somit zu einem überregionalen und internationalen Massenphänomen. Es gab drei große Ziele, die zur Wallfahrt anspornten: Jerusalem, Rom und Santiago de Compostela. Rom lockte durch die Gräber der Apostel Petrus und Paulus. Santiago hütete die Reliquien des Apostels Jakobus. Etwa 200 000 bis 500 000 Pilger sollen es jährlich gewesen sein, die den Heiligen Jakobus dort verehrten. Die Pilgerreise wurde von der mittelalterlichen Gesellschaft akzeptiert, da sie als *imitatio Christi* (d.h. als Nachfolge Christi) verstanden wurde. So war das Ziel der Pilger nicht nur das Aufsuchen, Betrachten und Berühren der Reliquien, sondern auch die Befreiung von ihren Sünden.

Allerdings war auch der Reliquienmissbrauch auf diesem Sektor groß: Im 15. Jahrhundert äußerte sich der heilige Bernhardin von Siena hinsichtlich der großen Menge von Splittern des Kreuzes Christi, die im Umlauf waren: *„So zeigt man auch viele Stücke vom Holz des Kreuzes Christi, sechs Paar Ochsen vermöchten die Last nicht zu ziehen, wenn man alle zusammenfügte."*

Pilgerkleidung und Pilgerzeichen

Auf der Pilgerreise nach Santiago de Compostela führten die Pilger einen Stab und eine Pilgertasche mit sich. Die Tasche diente als **Zeichen** der Pilgerschaft, der Stab zur Unterstützung des Körpers auf der Reise und zur Abwehr von Tieren. Die von Santiago zurückgebrachte Muschel gilt als **Symbol** für die guten Werke und wurde zum Zeichen des mittelalterlichen Pilgers.

Schon früh gab es Kritik an den Pilgerfahrten. Bereits der heilige Hieronymus kritisiert im 4. Jhdt.: *„Zu loben ist gut gelebt zu haben und nicht, in Jerusalem gewesen zu sein."*

M2 Karte der Pilgerwege nach Santiago de Compostela, dem sogenannten Jakobsweg, in Europa

3 Fasst auf der Grundlage des Infotextes zusammen, was die Menschen damals bewogen hat, Pilgerfahrten nach Rom, Santiago de Compostela oder Jerusalem zu unternehmen.

4 Auch heute gehen viele Menschen den Jakobsweg (M2). Informiert euch über Möglichkeiten, diesen Weg heutzutage zu pilgern.

5 Informiert euch über Wallfahrten und deren Geschichte in eurem eigenen Bistum.

6 Diskutiert abschließend darüber, was diese Pilgerfahrten von heutigen Formen des Reisens unterscheidet und wo es möglicherweise auch Gemeinsamkeiten gibt.

Die Anfänge des Mönchtums

Am Anfang des christlichen Mönchtums standen meist Männer, die es in die Abgeschiedenheit der Wüste zog. Sie wollten nicht in Häusern, sondern in Felsenhöhlen und Gräbern leben. Da sie die Einsamkeit suchten, wurden diese Männer **Eremiten** (Einsiedler) genannt. Menschen kamen zu den Eremiten, um sie um Rat zu fragen. Das christliche Mönchtum ist im 3. Jahrhundert entstanden. Der berühmteste Mönch im 3. Jahrhundert war Antonius, über den wir viel aus einer Lebensbeschreibung des Einsiedlers, der *vita Antonii* wissen.

›Antonius aber, der aus der Heiligen Schrift gelernt hatte, [...] übte sich mit aller Macht in **Askese**. [...] Er wachte so lange, dass er oft sogar die ganze Nacht schlaflos zubrachte, und dies nicht etwa nur einmal, sondern oft und oft. Darüber wunderten sich dann die anderen. Nahrung nahm er einmal am Tage, nach Sonnenuntergang zu sich; bisweilen aß er nur alle zwei Tage, oft bloß alle vier Tage. Er lebte von Brot und Salz, als Getränk diente ihm nur Wasser [...]. Zum Schlafen begnügte er sich mit einer Binsenmatte.‹

M1 Auszug aus der *Vita Antonii*, Kap. 7

Wie Antonius das Eremitenleben prägte, so prägte Pachomius das Leben der **Koinobiten**, das Leben in klösterlicher Gemeinschaft (griech. koinos bios). Geboren vermutlich um 292, gründete er im Alter von wahrscheinlich ca. 25 Jahren in Ägypten ein Klostergebäude für mehrere Mönche. Pachomius gab seiner Gemeinschaft feste Regeln, somit die ersten bekannten Klosterregeln. Die Regel betonte vor allem Gehorsam und Gütergemeinschaft. Bei Eintritt erhielt jeder und jede Neue einfache Kleidung und ein eigenes Zimmer, Zelle genannt. Brüder und Schwestern eines Hauses aßen und arbeiteten zusammen. Der Kontakt zu Personen außerhalb des Klosters war nicht gestattet. Unterhaltung war während der Arbeit verboten. Unterhalten durfte man sich nur über Bibeltexte und geistliche Dinge. Mitte des 4. Jahrhunderts war die Mönchsbewegung sozusagen „die größte Jugendbewegung der Antike“ im Mittelmeerraum.

M2 Hieronymus Bosch: Die Versuchung des Heiligen Antonius, 1510

Aufgaben

1 Diskutiert, ob ihr auf die Dinge, auf die Antonius verzichtete (M1), zumindest für eine gewisse Zeit auch verzichten könntet.

2 Beschreibt mithilfe von M2 , mit welchen Dämonen sich Antonius konfrontiert sah. Wofür könnten diese stehen? Recherchiert für die Einzelheiten nach dem Bild auch im Internet.

3 Überlegt, warum Menschen auch heute noch diese Form des Lebens in Einsamkeit wie Antonius wählen.

4 Vergleicht das Leben des Pachomius mit dem Leben des Antonius und diskutiert die Vor- und Nachteile der jeweiligen Lebensformen.

Radikale Asketen

In der Geschichte des Mönchtums gibt es auch Frauen und Männer, die sich körperlichen Qualen unterzogen, um Gott näher zu kommen. Bereits im 4. Jahrhundert gab es in Syrien Gruppierungen, die das Ideal eines sehr extremen enthaltsamen Lebens forderten. Sie verzichteten auf Nahrung und Schlaf, um eine völlige Bedürfnislosigkeit zu leben und um der Forderung Jesu gerecht zu werden:

Und wer nicht sein Kreuz auf sich nimmt und mir nachfolgt, ist meiner nicht wert.

M3 Mt 10,38

Somit war Nachfolge Jesu für diese Mönche in erster Linie Leidensnachfolge, die sich in Einsamkeit, Leiden und Armut zeigte. Die radikalen Asketen zeigten im Gegensatz zu Antonius noch extremere Lebensformen: Es gab sog. Grasfresser, die sich ausschließlich von Baumfrüchten, Gras, Beeren und Kräutern ernährten, oder sogenannte Erdlochheilige, die in tiefen Gruben lebten. Der berühmteste dieser radikalen Asketen war Simeon der Ältere, der „Säulensteher“ genannt wurde.

Simeon lebte im 4. Jahrhundert und trat in ein Kloster ein, wo er seine Mitbrüder an Entsagungswillen, an Fastenübungen und körperlichen Züchtigungen überbot. Den Höhepunkt seiner Suche nach Einsamkeit und Entsagung bildete der Aufstieg Simeons auf die berühmte Säule. Simeon blieb oft an 40 aufeinanderfolgenden Tagen ohne Nahrung. Hierbei stand nicht die Verletzung seines Körpers, sondern vielmehr die Beherrschung seines Körpers (**Askese**) im Vordergrund. Simeon versuchte durch diese asketische Leidensnachfolge, das Schicksal Jesu zu teilen. Nachdem Simeon schließlich die 16 Meter hohe Säule bestiegen hatte, war sein Tagesablauf geprägt von Fasten, Gebet und den Anliegen der ihn verehrenden Pilger. Jede Nacht und jeden Tag bis ca. 15 Uhr betete er – stehend die Arme in Kreuzesform ausgestreckt.

M4 Relief eines Säulenheiligen, hergestellt im 5. bis 6. Jahrhundert

5 Beschreibt die Lebensweise eines sogenannten Säulenheiligen und bezieht dabei auch das Relief M4 mit ein.

6 Ihr habt in eurem bisherigen Religionsunterricht schon sehr viel über Jesus und seine Begegnung mit Menschen gehört. Setzt euch vor diesem Hintergrund mit der Frage auseinander, ob man bei der Lebensweise des Simeon tatsächlich noch von einer Form christlicher Nachfolge sprechen kann (vgl. M3).

Benedikt von Nursia

Während das östliche Mönchtum, d.h. das Mönchstum im Nahen Osten, vor allem auf Antonius und Pachomius zurückgeht, ist der heilige Benedikt der Begründer des westlichen Mönchstums.
Benedikt wurde um das Jahr 480 als Sohn einer reichen Patrizierfamilie in Nursia in Italien geboren. Nach dem Abschluss seiner Studien in Rom zog er sich in eine unbewohnte Gegend in der Nähe von Subiaco zurück, um dort als **Eremit** zu leben. Sein Leitspruch lautete: *„Soli Deo placere cupiens"* („Ich wünsche nur Gott zu gefallen."). Rasch bildete sich um ihn ein Kreis von Mönchen, die von seiner Lebensweise fasziniert waren. Nachdem er zwölf kleinere Klöster gegründet hatte, verließ der heilige Benedikt Subiaco und gründete auf den Überresten eines heidnischen Tempels im Jahr 529 das Kloster Montecassino. Während er das Kloster mit Arbeitsräumen und Zimmern einrichtete, predigte Benedikt zugleich der Bevölkerung das **Evangelium**. In Montecassino vervollkommnete Benedikt seine Ordensregel für Mönche, die *regula monachorum*, die auch als Impuls für Nicht-Mönche dienen kann. In Anknüpfung an das Evangelium beschreibt Benedikt dort, wie er sich ein vom christlichen Glauben geprägtes Zusammenleben der Menschen vorstellt. So sollten in seinen Klöstern Brüderlichkeit und Gleichheit herrschen und alle sollten sich in gleicher Weise an den notwendigen Arbeiten beteiligen.

M1 Kloster San Benedetto, Subiaco, Italien

M2 Abtei Montecassino, Italien

Aufgaben

1 Verfasst anhand der Fotos M1 und M2 und der Informationen auf dieser Seite einen Lebenslauf des heiligen Benedikt.

2 Vergleicht das mönchische Leben, wie Benedikt es begründet hat, mit den mönchischen Lebensformen, die ihr auf den vorangegangenen Seiten schon kennengelernt habt, und stellt die entscheidenden Veränderungen heraus.

3 Arbeitet aus M3 heraus, welche Tätigkeiten das Leben im Kloster bestimmt haben. Tauscht euch

Das klösterliche Leben im Mittelalter

Um uns ein Bild vom Leben und insbesondere von der Arbeitsweise der Benediktiner im Mittelalter machen zu können, hilft uns ein Blick auf den Plan des Klosters Sankt Gallen aus dem frühen 9. Jahrhundert. Er zeigt uns, wie man sich damals eine ideale Klosteranlage vorgestellt hat. Insgesamt sind dort 52 Gebäude eingezeichnet. Es handelt sich um die älteste erhaltene Architekturzeichnung Europas, die seit 1200 Jahren in Sankt Gallen aufbewahrt wird.

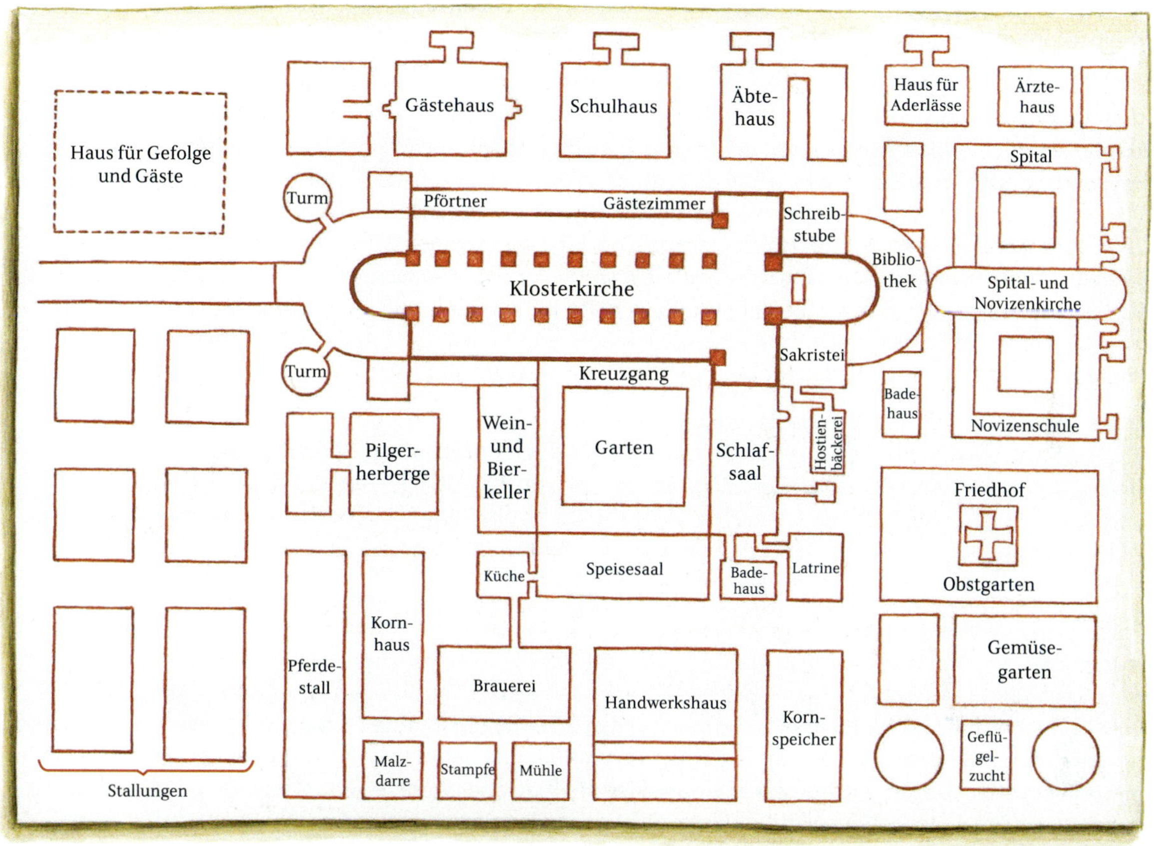

M3 Klosterplan von Sankt Gallen, erstellt nach der mittelalterlichen Zeichnung

anschließend darüber aus, warum man ein solches Kloster auch als „Stadt im Kleinen“ bezeichnen kann.

4 Heute präsentieren sich die Klöster und Ordensgemeinschaften vielfach auch im Internet. Recherchiert, welche Klöster es in eurer näheren Umgebung gibt und welche Aktivitäten dort im Vordergrund stehen. Zeigt auf, inwiefern dort die Ziele Benedikts von Nursia aufgegriffen oder auch weitergeführt werden.

Die kulturgebende und spirituelle Kraft der Benediktiner heute

Obwohl auch in Bayern die Zahl der Benediktinerklöster zurückgeht (vgl. dazu auch das folgende Interview), ist die Präsenz der Benediktiner im Freistaat mit 14 Benediktinerabteien insgesamt noch sehr hoch. In allen Diözesen genießen Schulen in benediktinischer Trägerschaft und als geistige Zentren hohes Ansehen. Die Klöster sind selbstständig und unabhängig und müssen sich sowohl personell als auch wirtschaftlich eigenständig am Leben erhalten. Dabei ist die Zahl der Benediktiner und Benediktinerinnen in 30 Jahren von 1987 bis 2017 von 181 auf ca. 90 gefallen, was eine große Herausforderung darstellt.
In einem Interview haben die Äbte des Klosters Ettal, Barnabas Bögle OSB *(Ordo Sancti Benedicti)*, und des Klosters Sankt Stephan in Augsburg, Theodor Hausmann OSB, über die aktuelle Situation Auskunft gegeben.

Frage: *„Droht einzelnen Ihrer Abteien durch Überalterung und fehlenden Nachwuchs der Untergang?"*
Hausmann: „Mittelfristig nicht. Es ist ja so: Man kann ein Kloster durchaus mit fünf Mönchen führen. Man muss dann nur schauen, was man mit seinen Strukturen macht. Wir in Sankt Stephan haben daher in den vergangenen Jahren gut die Hälfte unserer Gebäude an externe Partner vermietet, etwa an eine Kita und eine Kunstakademie. Das schmerzt uns nicht, denn wir leben ja nicht für Institutionen, sondern für die Suche nach Christus. Institutionen sind auf diesem Weg nur Mittel, kein Ziel. So hat Sankt Stephan vor rund 15 Jahren die Co-Trägerschaft für das gleichnamige Gymnasium in Augsburg abgegeben."
Bögle: „Und Ettal schon vor 20 Jahren seinen Kunst-Verlag umstrukturiert und ausgelagert."

Frage: *„Stehen aktuell ähnliche Veränderungen an?"*
Bögle: „Nicht bei den Abteien unseres Generalkapitels (hier: Bund von elf Benediktiner-Abteien). Aber ich weiß von einem nordbayerischen Benediktinerinnenkloster, das sich derzeit von seiner Landwirtschaft trennt. Die ist den meist älteren Schwestern inzwischen zu anstrengend. Gleichzeitig bauen sie nun eine Pilgerherberge auf, weil sie gemerkt haben, dass bei ihnen viele Menschen auf Wanderschaft vorbeikommen. Man braucht also manchmal Mut zur Umwidmung."

Frage: *„Wie wollen sie Nachwuchs gewinnen?"*
Hausmann: „Jemand muss aus sich heraus erkennen, dass er mit uns leben will. Alles, was wir tun können, ist, unsere Werte aktiv zu leben. Das heißt, dass wir nach außen deutlich machen: So wie heute kann die Gesellschaft nicht ewig funktionieren – so, dass alle gern Dienste in Anspruch nehmen, aber kaum jemand sie leisten will. Den Trend etwa, sich eine Auszeit im Kloster zu nehmen, kann es ja nur geben, weil manche Menschen verbindlich im Kloster leben. Alle wollen Heimat, aber wenige wollen Heimat geben – dazu gehören wir Ordensleute. Diese Verbindlichkeit ist etwas, was das Klosterleben in unserer beliebigen Gesellschaft besonders und sicher auch für manchen interessant macht."

M1 Interview aus dem Jahr 2017

Aufgaben

1 Arbeitet aus dem Interview **M1** heraus, welche Impulse die Benediktinerklöster den Menschen von heute vermitteln können.

2 Arbeitet anhand von **M2** und **M3** heraus, wie Benediktinerinnen und Benediktiner heute leben und ihren Glauben zum Ausdruck bringen. Recherchiert dazu nach den unbekannten Begriffen im Tagesablauf. Tauscht euch anschließend über die Vor- und Nachteile einer solchen Lebensweise aus.

3 Vergleicht den Tagesablauf eines Benediktiners auf der Grundlage von **M3** mit eurem eigenen Tagesablauf.

4 Diskutiert, welche besondere Bedeutung den Klöstern in der heutigen Zeit zukommen kann.

Der benediktinische Alltag im Kloster Sankt Bonifaz in der Erzdiözese München-Freising

Wer als Benediktiner nach dem Noviziat, einer Probezeit, in einem Kloster aufgenommen werden will, muss bei seiner Profess, seiner feierlichen Aufnahme in die Gemeinschaft, drei Gelübde ablegen. Er muss Gehorsam, *stabilitas loci* (Ortstreue zu einem Kloster) und die *conversatio morum*, die Übernahme des klösterlichen Lebenswandels, geloben. Durch diese Gelübde verpflichtet sich der Benediktiner zu Keuschheit, also zu sexueller Enthaltsamkeit, zu Armut und Gehorsam gegenüber dem Abt und der Regel. Das Gleiche gilt für die Benediktinerinnen.
Das spirituelle (geistliche) Leben der Benediktiner ist bis heute geprägt von dem Leitspruch Benedikts: *ora et labora* (bete und arbeite). Die Benediktiner des Klosters Sankt Bonifaz im Erzbistum München-Freising geben Auskunft, wie sie diesen Anspruch erfüllen:

› Grundlegend für die benediktinische Spiritualität ist das mehrmalig am Tag stattfindende Gebet in der Gemeinschaft. In diesem gemeinschaftlichen Chorgebet kommt zum Ausdruck, dass sich Mönche persönlich wie auch als klösterliche Gemeinschaft jeden Tag neu an Jesus Christus, dem auferstandenen Herrn, ausrichten, um in seiner Gegenwart zu leben. Aber auch im persönlichen Beten und Meditieren der Heiligen Schrift, der sogenannten *lectio divina*, weiß sich der Mönch vor Gottes Angesicht. Diese Gewissheit der beständigen Nähe Gottes muss er sich nicht erarbeiten oder verdienen. Sie ist geschenkt. So kann der Mönch Mut und Hoffnung schöpfen, jeden Tag neu Jesus Christus eine weitere Wegstrecke nachzufolgen. Hier liegt die Quelle der Kraft. Sie macht es dem Mönch möglich, auch mithilfe eines geistlichen Begleiters, die eigenen Unzulänglichkeiten und Fehler zu akzeptieren. So kann er auf dem Weg der Gottsuche und Jesusnachfolge persönlich Veränderung und Befreiung erleben. Auf dem gleichen Weg kann es auch der klösterlichen Gemeinschaft gelingen, trotz unterschiedlicher Begabungen und Charaktere den Frieden zu wahren und immer wieder neu zu finden. ‹

M2 Kloster Sankt Bonifaz, Benediktinische Spiritualität

Die Tagesordnung im Kloster Andechs im Überblick

› Der Tag beginnt um 7 Uhr mit dem Morgenlob, der Vigilfeier und den Laudes. Dazu treffen sich die Mönche in der Chorkapelle des Klosters. Hymnen, Psalmen, Lesungen und Gebete wechseln einander ab. Das Chorgebet mit seinen vertrauten Texten schafft Raum für die Begegnung mit Gott. Nach den Laudes treffen sich die Mönche vor der Chorkapelle zur Tagesbesprechung. Wechselseitig informieren sich die Mönche über den jeweiligen Tagesablauf und die anstehenden Aufgaben.
Nach der Feier der morgendlichen Messe nehmen die Mönche ihre Arbeit in den verschiedenen Bereichen des Klosters auf. Die Benediktiner der Abtei Sankt Bonifaz in München und in Andechs engagieren sich in der Pfarr- und **Wallfahrts**- und Obdachlosenseelsorge. Sie arbeiten in der Stiftsbibliothek, als Gastmeister (Betreuer von Besuchern) oder Sakristan oder sind mit der Leitung der Wirtschaftbetriebe des Klosters Andechs betraut.
Gegen 12 Uhr unterbrechen die Mönche ihre Arbeit und versammeln sich in der Chorkapelle wiederum zum Chorgebet. Im Anschluss an die Mittagshore essen die Mönche im Refektorium gemeinsam. Jeden Tag wird ein Abschnitt aus der Heiligen Schrift und der Benediktsregel vorgelesen. Während der Lesung schweigen die Mönche. Ein Segens- und Dankgebet eröffnet und beendet die Mahlzeit. Der Nachmittag ist wieder mit der Arbeit in den verschiedenen Bereichen ausgefüllt.
Um 18 Uhr beenden die Mönche ihre Arbeit und versammeln sich zum Abendlob, der Vesper. Nach dem gemeinsamen Abendessen und dem Dankgebet treffen sie sich in offener Runde, der so genannten Rekreation. Mit der Komplet, dem Nachtgebet, endet der gemeinsame Tag. ‹

M3 Kloster Andechs, Ein Tag im Benediktinerkloster Andechs

Die Kreuzzüge

Jerusalem, die den Juden, Muslimen und Christen heilige Stadt, stand seit 638 n. Chr. unter der Herrschaft religiöser Führer, die dem Islam angehörten, den sog. *Kalifen*. Diesen folgte im 11. Jahrhundert eine türkische Fürstendynastie, die *Seldschuken*, die sich ebenfalls zum Islam bekannten. Seitdem gelangten immer wieder Nachrichten nach Europa, dass christliche Pilger dort misshandelt und am Besuch der heiligen Stätten gehindert würden.
Papst Urban II. rief schließlich 1095 auf einer Kirchenversammlung (Synode) in Clermont zum Schutz der Jerusalem-Pilger und der heiligen Stätten auf.

› Es ist notwendig, über alles geliebte Brüder, dass ihr euren Mitbrüdern im Orient unverzüglich zu Hilfe eilt. Wie den meisten von euch schon mitgeteilt wurde, haben die Türken und Araber … die Länder der Christen besetzt und erobert, wobei sie viele Menschen umbrachten, Kirchen zerstörten und das Königreich verwüsteten. Jedenfalls, wenn Ihr sie noch eine Weile gewähren lasst, werden sie die Gläubigen Gottes noch viel weiter überrennen. Darum ermahne ich euch flehentlich, d.h. nicht ich, sondern der Herr; den Anwesenden sage ich es, den Abwesenden lasse ich es sagen; Christus aber befiehlt es. Allen aber, die dorthin gehen und dabei sei es auf dem Marsch oder sei es im Kampf den Tod riskieren, wird die sofortige Vergebung ihrer Sünden zuteilwerden, da ich von Gott mit dieser Gabe ausgestattet bin. Oh, welche Schande, wenn eine Menschenart, so verabscheuungswürdig, so verkommen, dem Teufel untertan, das Volk des allmächtigen Gottes, das mit dem Glauben beschenkt ist, in dieser Weise überwältigt! Oh, wie vielen Sünden werden euch vom Herrn selbst angerechnet werden, wenn Ihr ihnen nicht helft. Nun sollen Soldaten Christi werden, die gerade noch Räuber waren; jetzt sollen rechtmäßig die gegen Barbaren kämpfen, die einst gegen Brüder und Blutsverwandte stritten. ‹

M1 Kreuzzugsaufruf Papst Urbans II.

Die Ritter nähten sich daraufhin Kreuze auf ihre Kleidung, woher der Begriff „Kreuzzüge" kommt (vgl. **M2**), und zogen in den Krieg, um die heiligen Stätten und insbesondere Jerusalem zu befreien. Der erste Kreuzzug gelangte 1099 an sein Ziel: Jerusalem wurde erobert, wobei es allerdings zu einem schlimmen Blutbad kam.

M2 Buchrücken, Christus führt die Kreuzritter. Die Darstellung bezieht sich auf die folgende Bibelstelle aus der Offenbarung des Johannes 19,14 f: „Die Heere des Himmels folgten ihm auf weißen Pferden; sie waren in reines, weißes Leinen gekleidet. Aus seinem Mund kam ein scharfes Schwert; mit ihm wird er die Völker schlagen."

Aufgaben

1 Im Geschichtsunterricht habt ihr euch bereits mit den Kreuzzügen befasst. Stellt die wichtigsten Fakten dazu in Stichpunkten zusammen.

2 Erklärt mit Hilfe von **M1**, wie Papst Urban II diesen Kreuzzug rechtfertigt und was er den Teilnehmern in Aussicht stellt.

3 Nehmt zur Darstellung **M2** vor dem Hintergrund der Botschaft Jesu (vgl. **M3**) kritisch Stellung.

Wie konnte es dazu kommen, dass Christen im Namen Gottes Gewalt ausübten?

Dass im Namen des christlichen Gottes Grausamkeiten wie die Kreuzzüge ausgeübt werden könnten, war für Christinnen und Christen zunächst unvorstellbar. 300 Jahre lang war es ihnen verboten, Gewalt anzuwenden oder auch Kriegsdienst zu leisten, da sie sich am Wirken und den Worten Jesu orientierten:

Ihr habt gehört, dass gesagt ist: ‚Auge um Auge, Zahn um Zahn'. Ich aber sage euch, dass ihr nicht widerstreben sollt dem Übel, sondern: wenn dich jemand auf deine rechte Backe schlägt, dem biete die andere auch dar.

M3 Mt 5,38-39

Nichtchristliche Geschichtsschreiber bestätigen die in den Augen ihrer Zeitgenossen als provozierend wahrgenommene Gewaltlosigkeit der Christen, die aufgrund ihrer ethischen Einstellung keine Gladiatorenspiele und Tierkämpfe besuchten und den Kriegsdienst ablehnten. Zu Beginn des 2. Jahrhunderts galten Gewaltverzicht und Feindesliebe als verpflichtender „Weg des Lebens" für alle Christen.
Mit der „Konstantinischen Wende" im 4. Jahrhundert wandelte sich die Einstellung der Christen hinsichtlich der staatlichen und militärischen Gewalt. Christen wurde es nun erlaubt, Kriegsdienst zu leisten, und seit dem 5. Jahrhundert gingen sie auch gegen Andersgläubige zum Teil mit Gewalt vor, auch gegen Christen, die von der offiziellen Lehre abweichende Meinungen vertraten. Dieser Wechsel von einer Religion des Gewaltverzichts zu einer Religion, die Gewalt bei bestimmten Anlässen zugelassen hat, haben viele Christinnen und Christen kritisiert und als Sünde gebrandmarkt, da sie der Meinung waren, dass diese Entwicklung nicht dem Wirken und der Botschaft Jesu Christi entsprach. Im Jahr 2000 äußerte sich der damalige Papst Johannes Paul II. zu der von Christen verübten Gewalt und bezog klar Stellung:

› Lass die Christen auf Jesus blicken, der unser Herr ist und unser Friede.
Gib, dass sie bereuen können, was sie in Worten und Taten gefehlt haben.
Manchmal haben sie sich leiten lassen von Stolz und Hass, vom Willen, andere zu beherrschen,
von der Feindschaft gegenüber den Anhängern anderer Religionen
und den gesellschaftlichen Gruppen, die schwächer waren als sie,
wie etwa den Einwanderern und Zigeunern.
Herr der Welt, Vater aller Menschen,
durch deinen Sohn hast du uns gebeten, auch den Feind zu lieben,
denen Gutes zu tun, die uns hassen,
und für die zu beten, die uns verfolgen.
Doch oft haben die Christen das **Evangelium** verleugnet
und der Logik der Gewalt nachgegeben.
Die Rechte von Stämmen und Völkern haben sie verletzt,
deren Kulturen und religiösen Traditionen verachtet:
Erweise uns deine Geduld und dein Erbarmen! Vergib uns! ‹

M4 Schuldbekenntnis und Vergebungsbitte von Papst Johannes Paul II

4 Setzt euch mit der Frage auseinander, warum es trotz der Forderung Jesu (vgl. nochmals **M3**) in der Geschichte des Christentums immer wieder zur Ausübung von Gewalt kam.

5 Wir setzen uns nicht zuletzt deshalb mit vergangenen Ereignissen auseinander, um daraus zu lernen. Diskutiert mit Hilfe von **M4**, wie die Kreuzzüge aus heutiger kirchlicher Sicht eingeschätzt werden und welche Schlussfolgerungen man für das christliche Handeln ziehen sollte.

Franz von Assisi – eine Gestalt der Erneuerung

Im 12. und 13. Jahrhundert war die Kirche mit Häretikerbewegungen und Auswüchsen einer verweltlichten und in Teilen unmoralischen Kirche konfrontiert. Manchen Priestern, Bischöfen und sogar Päpsten wurde Unzucht, Trunk- und Jagdsucht vorgeworfen. In dieser Zeit der Krise der Kirche trat Francesco del Bernadone in den Lauf der Geschichte.

M1 Gebet des Heiligen Franziskus, Darstellung aus dem 13. Jh.

M2 Der Heilige Franziskus sagt sich von seinem Vater los, Entstehung des Freskos ca. 1295–1300

Franziskus wurde als Sohn des reichen Tuchhändlers Pietro Bernadone in Assisi geboren. Er genoss ein Leben ohne Sorgen. Im Jahr 1202 zog er in den Krieg gegen die benachbarte Stadt Perugia und wurde im Kampf schwer verletzt. Nach dieser Verletzung kam Franziskus verändert nach Assisi zurück.

› Franziskus ging eines Tages bei der Kirche San Damiano vorüber, die nahezu zerfallen und ganz verlassen war. Er trat vom Geiste geführt ein, um zu beten, und warf sich demütig und voll Hingabe vor dem Gekreuzigten nieder. Da ward er von ungewohnten Heimsuchungen des Geistes getroffen und fühlte sich ganz anders, als er eben noch bei seinem Eintritt gewesen. In diesem Zustand sprach zu ihm alsbald das Bild des gekreuzigten Christus, wobei sich die Lippen auf dem Bilde bewegten: Er rief ihn bei seinem Namen und sprach: „Franziskus, geh hin und stell mein Haus wieder her, das, wie du siehst, ganz zerfallen ist.“ ‹

M3 Thomas von Celan, Biografie des Franziskus

Nach diesen Ereignissen begann für Franziskus ein ganz neues Leben, das von nun an von Armut und Einfachheit geprägt sein sollte. Im Lauf der Zeit schlossen sich ihm immer mehr Männer an, sodass die Gruppe schließlich zu einer weit verbreiteten Gemeinschaft heranwuchs. 1226 starb Franziskus in Assisi und wurde zwei Jahre später heiliggesprochen.

Aufgaben

1 Erstellt mithilfe von Internet-Recherchen einen Lebenslauf des heiligen Franziskus und ordnet M1 bis M3 den jeweiligen Stationen zu.

2 Diskutiert, auf welche Weise die Ansätze des Franz von Assisi für die heutige Kirche noch von Bedeutung sein können und welche Handlungsimpulse von seinem Wirken ausgehen.

Franziskaner und Dominikaner

Neben den Franziskanern gehören die Dominikaner zu den Bettelorden, die aufgrund der kirchlichen und sozialen Missstände im 12. und 13. Jahrhundert Armut und Besitzlosigkeit predigten und auch vorlebten. So widmeten sie ihr Leben nicht nur der Predigt, um zum Beispiel **Ketzer** auf den rechten Weg zurückzuführen, sondern auch der Seelsorge und der Fürsorge für Arme und Kranke. Im Gegensatz zu den Benediktinern, die bevorzugt ländliche Regionen kultivierten, suchten sie die im 13. Jahrhundert wirtschaftlich aufblühenden Städte wie Regensburg und Würzburg auf. Dort wandten sich die Franziskaner vor allem der ärmeren Bevölkerung zu, während die Dominikaner eher Beziehungen zur reicheren und gebildeteren Bevölkerung anknüpften, da ihnen die wissenschaftliche Deutung des Glaubens besonders wichtig war und ist. Die *stabilitas loci* der Benediktiner galt für sie nicht. Vielmehr waren ihre Mitglieder dem ganzen Orden und nicht nur dem einzelnen Kloster verpflichtet. Um 1250 begannen die Bettelorden Kirchen zu bauen, meist außerhalb der Stadtgrenzen oder an den Stadtmauern. Das Ideal der Armut und die Bedeutung der Predigt prägten auch die Architektur dieser Kirchen. Einfachheit, Schlichtheit und Strenge in Körper- und Raumform und große Hallen als Versammlungsräume standen im Vordergrund der Bettelordenkirchen. Dort suchten sie in langen Predigten auf die Bevölkerung einzuwirken und die Menschen zu einem Leben in der Nachfolge Jesu Christi anzuhalten.

M4 Innenansicht der Kirche des Franziskanerklosters in Rothenburg ob der Tauber

3 Verdeutlicht anhand von M4, wie sich die Ziele und Leitvorstellungen der Bettelorden im Innenraum dieses Kirchengebäudes widerspiegeln.

4 Die Bettelorden verbinden in ihrem Wirken spirituelle Impulse wie z.B. Gebet, Predigt und Schriftauslegung mit sozialem Engagement. Tauscht euch darüber aus, wo ihr im heutigen Wirken der Kirche Spuren dieser mittelalterlichen Erneuerungsbewegungen findet, und nehmt dazu Stellung.

Spirituelle Erneuerung und diakonisches Engagement heute – Papst Franziskus

Kaum ein anderer Papst steht so deutlich für eine Veränderung und Erneuerung der Kirche wie Papst Franziskus. Alexander Foitzik hat den Hauptgeschäftsführer von MISEREOR Deutschland, Pirmin Spiegel, befragt:

Foitzik: „Franzikus steht für die ‚Option für die Armen'. Stellt diese Rede von der armen Kirche für die Armen nicht auch eine ziemliche Zumutung dar?"

Spiegel: „Es gibt verschiedene Arten und Stile, Kirche zu leben. Jede Ortskirche befindet sich in einem bestimmten Kontext. So gibt es auch in Deutschland bestimmte Arten und Weisen, Kirche zu denken und zu leben. Die neue Perspektive, die Franziskus praktiziert und verkündet, stellt Organisation und pastorale Schwerpunkte der Kirche in Deutschland schon infrage, den Grad an Institutionalisierung etwa oder auch eine gewisse Entfremdung von den alltäglichen Realitäten der Menschen. Aber ich würde nicht von Zumutung sprechen, eher von einer Art ‚Wachrütteln'. Durch Franziskus und seine Praxis entdecken wir viele Elemente wieder, die uns an Jesus selbst erinnern. Diese Rückbesinnung aber muss der Kirche überall und immer wieder zugemutet werden, weil das Leben Jesu Ausgangspunkt und Zentrum unseres Glaubens ist."

Alexander Foitzik: „In jedem Fall scheint dieses Pontifikat auch in der Kirche in Deutschland einiges in Bewegung zu bringen, zumindest vordergründig. Wenn jetzt die deutschen Bischöfe nach ihrem Lebensstil und konkret etwa nach ihrem Fuhrpark oder ihren Residenzen befragt werden, ist das albern oder nur konsequent? Also die edlen Limousinen verkaufen und auf günstige Mittelklasse umsteigen?"

Spiegel: „Die Bischöfe weisen zu Recht darauf hin, dass sie auf ihren Reisen arbeiten müssen. Die Frage ist aber, wie sie reisen. Wir müssen die Dinge grundsätzlicher in den Blick nehmen. Wir leben in einer Welt, in der es stark um Bilder und Zeichen geht. Der Fuhrpark ist nur ein Beispiel dafür, wie wir als Christen und Christinnen sozusagen unterwegs sind. Ich war als Pfarrer in Brasilien, ebenso in Deutschland meist so unterwegs, dass ich die Leute und sie mich ansprechen konnten. Man hat miteinander gesprochen, zugehört und sich herzlich verabschiedet. Wenn ich mit dem Auto gefahren bin, war das ganz anders. Es geht also eher um die Nutzung des Fuhrparks. Bei MISEREOR versuchen wir, das Auto nur als letzte Option zu nutzen. Darüber nachzudenken, stellt in jedem Fall eine konstruktive Unterbrechung des Bisherigen dar. Wir lernen zurzeit neu, wie die Kirche, wie wir als Christen und Christinnen in der säkularen Öffentlichkeit wahrgenommen werden. Die Öffentlichkeit lehrt uns, dass wir es zu wenig schaffen, arme Kirche für die Armen zu sein. Die Kritik wird uns helfen, authentischer zu werden und den Wandel voranzutreiben. Deswegen sollten das Auto oder das Haus des Bischofs nicht zu zentralen **Symbolen** der Kirche werden."

M1 Interview Alexander Foitzik – Pirmin Spiegel, „Die Kirche bekommt ein anderes Gesicht", 2013

Aufgaben

1 Erklärt anhand von M1, welche Auswirkungen es haben kann, wenn die Kirche Ernst macht mit der „Option für die Armen", wie sie die mittelalterlichen Erneuerungsbewegungen gefordert und vorgelebt haben.

2 Von Beginn an war die Kirche immer wieder großen Veränderungen unterworfen. Dabei kam der Zeit des Mittelalters und dem Übergang zur Neuzeit eine besonders große Bedeutung zu. Diskutiert vor diesem Hintergrund, wie ihr euch die Kirche der Zukunft vorstellt und wie sie ihrer Sendung in Gegenwart und Zukunft gerecht werden kann.

Muslimen begegnen – Glaube, Geschichte und Kulturen des Islam

5

Muslimen begegnen

Der Islam ist Teil unserer Lebenswelt, die Begegnung mit Muslimen gehört zu unserem Alltag - in den Schulen und auch darüber hinaus. Im letzten Kapitel wollen wir uns deshalb auf Spurensuche begeben in die muslimische Lebens- und Glaubenswelt. Ihr könnt die Seiten 108 bis 113 in arbeitsteiliger Gruppenarbeit erarbeiten und auf dieser Grundlage eine Wandzeitung oder einen Beitrag für eure Schülerzeitung erstellen. Auf dieser und der nächsten Seite findet ihr Auszüge aus Interviews mit muslimischen Schülerinnen und Schülern der 7. Jahrgangsstufe.

Auszug aus dem Interview mit Arif

Arif, wo sind deine Wurzeln? Wo fühlst du dich daheim?
„Ich bin hier geboren. In dieser Stadt fühle ich mich daheim."

Welcher Glaubensrichtung gehörst du an?
„Ich bin Ismaelit (die Ismaeliten führen sich auf Abrahams erstgeborenen Sohn Ismael zurück, der als Stammvater der Araber gilt)."

Was gefällt dir besonders an deiner Glaubensrichtung?
„Dass meine Religion nicht so streng ist, dass Frauen und Männer zusammen beten."

Welche Glaubensregeln sind für dich von besonderer Bedeutung?
„Kein Alkohol und Schweinefleisch, ich möchte mich auch nicht nackt vor einem Arzt ausziehen."

Welche Rolle misst du dem **Moschee***besuch zu und dem Gebet?*
„Moschee und Gebet sind mir nicht so wichtig."

Arif

Welche Feste feierst du am liebsten?
„Eigentlich nur meinen Geburtstag."

Was würdest du anderen gerne über deinen Glauben erzählen?
„Dass es bei uns nicht so streng ist wie bei Sunniten und Schiiten, wir beten mit Frauen und Mädels zusammen."

M1

Aufgaben

1 Vergleicht die drei Interviews M1 bis M3 und stellt Gemeinsamkeiten und Unterschiede heraus.

2 Überlegt euch selbst Fragen, die ihr gern muslimischen Mitschülerinnen und Mitschülern stellen würdet. Vielleicht ergibt sich ja auch die Gelegenheit, an eurer Schule entsprechende Interviews zu führen und diese in einer Wandzeitung zusammenzustellen.

3 Recherchiert, welche islamischen Glaubensrichtungen an eurer Schule vertreten sind. Informiert euch darüber, in welchen Ländern diese ursprünglich beheimatet sind und worin sie sich unterscheiden.

Auszug aus dem Interview mit Aischa

Aischa, wo sind deine Wurzeln? Wo fühlst du dich daheim?
„Meine Wurzeln liegen in der Türkei, ich fühle mich dort, aber auch hier zu Hause."

Welcher Glaubensrichtung gehörst du an?
„Ich bin Sunnitin."

Was gefällt dir besonders an deiner Glaubensrichtung?
„Mir gefällt es, dass wir an Allah glauben."

Welche Glaubensregeln sind für dich von besonderer Bedeutung?
„Fasten ist für mich die wichtigste Regel. Da verschenkt man an Arme Essen."

Welche Rolle misst du dem Moscheebesuch zu und dem Gebet?
„Ich gehe immer am Wochenende dorthin, da ich einen Kurs habe, wo aus dem **Koran** gelesen wird."

Aischa

Welche Feste feierst du am liebsten?
„Das Zuckerfest, weil man da Geschenke kriegt. Und die ganze Familie ist da."

Was würdest du anderen gerne über deinen Glauben erzählen?
„Es ist toll, dass man gemeinschaftlich betet und auch gemeinsam isst."

M2

Auszug aus dem Interview mit Fatih

Fatih, wo sind deine Wurzeln? Wo fühlst du dich daheim?
„Meine Eltern kommen aus Bosnien."

Welcher Glaubensrichtung gehörst du an?
„Wir sind Schiiten."

Welche Glaubensregeln sind für dich von besonderer Bedeutung?
„Nicht töten, kein Schweinefleisch essen, keinen Alkohol trinken und das tägliche Gebet."

Welche Rolle misst du dem Moscheebesuch zu und dem Gebet?
„Ich gehe immer zur Moschee, wenn es möglich ist. Wenn ich in der Schule bin, kann ich leider nicht zum Mittagsgebet."

Welche Feste feierst du am liebsten?
„Das Zuckerfest, weil da das Fasten zu Ende ist. Das ist immer schwer, da man sich in der Schule konzentrieren muss und das Wasser fehlt."

Fatih

Was würdest du anderen gerne über deinen Glauben erzählen?
„Es ist unfair, dass der Islam immer schlecht dargestellt wird. Das passiert nur, weil er fremd ist."

M3

Was wissen wir bereits? – Was wollen wir wissen?

Sicherlich habt ihr nicht zuletzt in den letzten Schuljahren schon einiges über den Islam erfahren. So habt ihr nun Gelegenheit, euer Wissen zu testen. Löst dazu folgendes Quiz, wobei es zu jeder Frage eine richtige Antwort gibt. Schreibt die Buchstaben, die der von euch gewählten Lösung zugeordnet sind, in eurem Heft nebeneinander. Wenn ihr alles richtig gemacht habt, ergibt sich als das gesuchte Lösungswort der Name der ersten Frau Muhammads.

Der Koran hat ...
H) 99 Suren (Kapitel).
C) 114 Suren (Kapitel).
I) 150 Suren (Kapitel).

Jesus Christus wird im Koran mit seinem arabischen Namen Isa ...
D) in einer Sure erwähnt.
S) nicht erwähnt.
H) häufiger erwähnt als Muhammad.

Wie viele biblische Propheten erkennen Muslime an?
A) alle
R) keinen
F) einige

Allah ist für Muslime ...
D) unnahbar fern.
E) wie ein Vater.
G) bereit, jedem zu vergeben.

Die fünf Säulen des Islam lauten ...
U) Koran, Scharia, Muhammad, Heiliger Krieg, Fastenmonat
L) Mekka, Gebet, Alkoholverbot, Fasten, Ehepflicht
I) Glaubensbekenntnis, Gebet, Almosen, Fasten, Pilgerfahrt

Heilige Bücher und Koran
P) Für Muslime sind Bibel und Koran heilige Bücher.
D) Die Bibel oder den Koran können wir auf den Boden legen, falls kein Tisch da ist.
O) Bibel und Koran sind für Muslime heute gleichwertig.

Kann der Mensch laut Islam sich selbst mit guten Werken den Weg zum Paradies erarbeiten?
S) Teilweise – er kann aber nie Gewissheit haben.
T) Nein, es hilft gar nichts, gute Werke zu tun.
U) Auf jeden Fall.

Die Hadithe enthalten ...
B) kluge Worte der Nachfolger von Muhammad, die sogenannten Kalifen.
A) die Taten der Propheten einschließlich Muhammads.
C) die Aussprüche und Taten Muhammads.

Drei heilige Städte für Muslime lauten:
H) Mekka, Medina, Jerusalem
W) Hira, Eilat, Mekka
K) Riad, Medina, Istanbul

Die muslimische Glaubensrichtung der Schiiten beruft sich ...
E) auf die Partei (Schia) der Sunna.
A) auf den Kalifen Ali.
P) auf die Stadt Medina.

Und wie lautet nun das Lösungswort? Vermutlich habt ihr vieles noch nicht gewusst oder auch nur richtig geraten. Auf jeden Fall dürften sich beim Quiz und auch bei den Antworten aus den Interviews auf der vorangehenden Doppelseite noch eine Reihe von Fragen ergeben haben, denen ihr in den kommenden Stunden genauer nachgehen werdet.

M1 Plakat mit Fragen zum Thema Islam

Aufgaben

1 Sammelt nach dem Vorbild von M1 auf zwei Plakaten Stichpunkte zu den Fragen „Was wissen wir schon über den Islam?“ bzw. „Was wollen wir noch über den Islam wissen?“ Hängt sie im Klassenzimmer auf. Auf diesen Plakaten könnt ihr abhaken, was ihr im Laufe der nächsten Stunden im Unterricht gelernt habt. Ihr könnt aber natürlich auch weitere Fragen und Aspekte ergänzen, die sich im Laufe des Unterrichts ergeben.

2 Erstellt in den kommenden Stunden auf der Grundlage des neu erworbenen Wissens selbst weitere Quizfragen, die am Ende der Unterrichtseinheit einer allgemeinen Wiederholung dienen können.

Vielfalt des Islam

Wie ihr anhand der Interviews auf S. 104 f. erkennen könnt, hat die heutige muslimische Bevölkerung Europas und Deutschlands keine einheitliche ethnische (d. h. von einem bestimmten Volk abstammende) und kulturelle Herkunft.
Hier können wir im Wesentlichen vier Gruppen unterscheiden:

- Muslime, die seit Jahrhunderten in Teilen Ost- und Südeuropas leben, in Bosnien, Albanien, der Türkei, in Bulgarien, in Mazedonien und im Kosovo.
- Muslime, die ab der Mitte des 20. Jahrhunderts aus der Türkei, Marokko und Tunesien nach Westeuropa und somit auch nach Deutschland gekommen sind, um hier zu arbeiten.
- Muslime, die aus Bürgerkriegsgebieten wie Syrien und Afghanistan nach Deutschland gekommen sind.
- Muslime, die in Deutschland bzw. in Europa geboren und aufgewachsen sind und oft keine Berührung mehr mit den Herkunftsländern ihrer Eltern oder Großeltern haben.

In Deutschland und Österreich spielt kulturell vor allem der türkisch geprägte Islam eine große Rolle. In Spanien und Frankreich ist der westafrikanisch geprägte Islam stärker vertreten, in England der in Ländern wie Indien und Pakistan beheimatete Islam.
Ähnlich wie es im Christentum verschiedene Konfessionen gibt, wie die katholische, evangelische oder orthodoxe Ausrichtung, so gibt es auch im Islam verschiedene Strömungen. Ein Grund hierfür ist, dass Muhammad bei seinem Tod keinen lebenden männlichen Nachkommen hatte, sodass es zu Streitigkeiten über seine Nachfolge kam. Viele der Spaltungen sind hierauf zurückzuführen.

- Die überwiegende Mehrheit der Muslime (ca. 85 %) sind Sunniten, die der Sunna, den Worten und Taten des Propheten Muhammad folgen, die in den **Hadithen** (vgl. S. 110) überliefert sind. Die Sunniten orientieren sich am Leben Muhammads und erkennen im Gegensatz zu den Schiiten die ersten Nachfolger Muhammads an: Abu Bakr (632–634, Schwiegervater von Muhammad), Umar (634–644, Schwiegervater), Uthman (644–656, Schwiegersohn) und Ali (Cousin und Schwiegersohn Muhammads).
- Die Schiiten (d. h. die Partei Alis) sind nach den Sunniten die zweitgrößte islamische Richtung (weltweit ca. 10–15 %). Sie sind der Überzeugung, dass allein ein direkter Nachkomme von Muhammad sein rechtmäßiger Nachfolger sein kann, und halten daher seinen Cousin Ali und dessen Sohn Hussain für die ersten rechtmäßigen Nachfolger Muhammads.
- Die Aleviten sind eine Richtung mit muslimischen Wurzeln, die im 14./15. Jahrhundert entstanden und heute überwiegend in der Türkei verbreitet ist. Der Anteil der Aleviten ist in Deutschland infolge der Einwanderung türkischer Gastarbeiter Mitte des 20. Jahrhunderts mit 18 % relativ groß. Auch bei ihnen wird Ali wird als rechtmäßiger Nachfolger Muhammads anerkannt.

M1 Iran:
Ajatollah Ali Chamenei führt seine Abstammung direkt auf Muhammad zurück und wird deshalb bei den Schiiten als religiöser Anführer verehrt. Er ist das politische und religiöse Oberhaupt des mehrheitlich schiitischen Iran, was auch durch den Titel Ajatollah zum Ausdruck gebracht wird.

Wie in allen Konfessionen gibt es auch in den Glaubensrichtungen des Islam zum Teil große Unterschiede in der Lebensweise und den Überzeugungen. Diese Unterschiede sind nicht nur durch verschiedene Schulen begründet, die sich jeweils auf berühmte Gelehrte zurückführen, sondern beruhen oft auch auf dem jeweiligen kulturellen Umfeld. Deshalb verzichten zum Beispiel viele muslimische Frauen in Deutschland auf das Tragen eines Kopftuchs, weil sie das nicht als wesentlich für ihren Glauben ansehen. In anderen Ländern wie Pakistan wäre das aufgrund völlig anderer kultureller Traditionen nicht möglich.

M2 London:
Diese Aleviten tragen den Spruch „Ya Ali" als Stirnband. Der Schwiegersohn Muhammads – Ali – wird auf diese Weise um Hilfe angerufen und verehrt. Der **Koran** und dessen Regeln werden in dieser Glaubensrichtung freier ausgelegt.

M3 Türkei:
Diese Familie feiert die Beschneidung eines Sohnes. Das steht nicht im Koran und ist als Brauch daher nicht überall üblich, wird aber in der Türkei sehr gerne gefeiert.

M4 Deutschland:
Hier feiert ein Deutsch-Türkischer Freundeskreis gemeinsam das Fastenbrechen im **Ramadan**.

Aufgaben

1 Tauscht euch darüber aus, wo euch der Islam selbst in eurer Umgebung, aber vielleicht auch auf Reisen bereits begegnet ist.

2 Recherchiert, in welchen Ländern der Islam weltweit besonders verbreitet ist. Erstellt mithilfe des Internets zu einigen ausgewählten Regionen ein Fact Sheet, aus dem hervorgeht, auf welche Weise der Islam hier gelebt wird und welche kulturellen Traditionen dabei eine Rolle spielen. Ordnet auch die hier vorliegenden Beispiele M1 bis M4 geographisch ein.

3 Erstellt nun zu eurer eigenen Region eine Karte mit islamischen Zentren und **Moscheen** der verschiedenen Glaubensrichtungen. Informationen dazu findet ihr ebenfalls im Internet.

Vielfalt muslimisch geprägter Lebenspraxis

Im Laufe der Geschichte und angesichts der weltweiten Verbreitung des Islam in ganz unterschiedlichen Kulturen ergaben sich immer wieder neue Fragen, welche Regeln gläubige Muslime in ihrem Alltag beachten sollten. In den Interviews auf der ersten Doppelseite konntet ihr bereits erkennen, dass es in dieser Hinsicht große Unterschiede gibt, je nachdem, ob die Familien der Mitschülerinnen und Mitschüler zum Beispiel ursprünglich aus der Türkei oder aus Afghanistan kommen.

Grundlage für alle Muslime ist der **Koran**. Der Koran ist in Suren eingeteilt und wurde nach gängiger muslimischer Lehrmeinung dem Propheten Muhammad durch den Erzengel Gabriel verkündet. Für die gläubigen Muslime sind deshalb im Koran unmittelbar die Worte Gottes aufbewahrt. So hat er in jedem Haushalt einen Ehrenplatz, man darf ihn auch nicht ohne vorherige Reinigung der Hände anfassen.
Neben dem Koran sind die sogenannten **Hadithe** (Bericht, Rede) für die Muslime von zentraler Bedeutung. Sie enthalten Aussagen von Muhammad selbst oder von seinen Frauen und Gefährten, daneben kurze Geschichten und Redensarten. Sie wurden ab 750 aufgeschrieben.
Neben diesen Schriften gibt es aber auch noch eine Biografie, also eine Lebensgeschichte von Muhammad, die sogenannte Sira. Diese wurde 130 Jahre nach seinem Tod aufgeschrieben. Seitdem gilt auch sie als eine wichtige Quelle, aus der man Regeln für das alltägliche Leben nach dem **Vorbild** des Propheten ableiten kann.

Schon daraus ergibt sich eine große Vielfalt von Traditionen und Überlieferungen. Deshalb bestimmen in allen islamischen Glaubensrichtungen auch die Gelehrten, was konkret zu tun oder zu unterlassen ist. Deren Aufgabe ist es, die Verse des Koran, aber auch die Aussprüche und Geschichten der Hadithe und der Sira auszulegen und auf dieser Grundlage verbindliche Rechtssprüche zu erlassen. Auf diese Weise entstand im Laufe der Zeit das islamische Recht, die sogenannte **Scharia**.
Da es jedoch je nach Glaubensrichtung unterschiedliche oder sogar sich widersprechende Auslegungen gibt, folgen nicht alle Muslime den gleichen Vorschriften und Regeln. Einige Rechtsschulen legen die Verse und Geschichten z. B. freier aus, andere sind besonders streng. Dabei spielt auch das kulturelle Umfeld eine Rolle, in dem sich die jeweilige Tradition ursprünglich entwickelt hat.

In der Grundschule habt ihr die sogenannten **„Fünf Säulen des Islam“** kennengelernt, die je nach Glaubensrichtung unterschiedlich befolgt werden:
1. Glaubensbekenntnis – Schahada
2. Gebet – Salat
3. Fasten im Ramadan – Saum
4. Almosen – Zakat
5. Wallfahrt nach Mekka – Hadsch

Bei den Aleviten, die keine **Moschee**, sondern nur Gebetsräume haben, spielen z. B. das rituelle Gebet, die Wallfahrt nach Mekka (s. auch das Titelbild zu diesem Kapitel) oder das Fasten im **Ramadan** keine so große Rolle wie bei den anderen Glaubensrichtungen. Auch gelten bei ihnen andere Speisevorschriften. So ist ihnen der Genuss von Alkohol und Schweinefleisch erlaubt, bei den Sunniten und Schiiten ist er streng verboten.

Aufgaben

1 Fasst die hier vorliegenden Informationen über die verschiedenen Quellen, an denen sich Muslime in ihrer Lebenspraxis orientieren, mithilfe einer Grafik möglichst anschaulich zusammen.

2 Arbeitet Gemeinsamkeiten und Unterschiede im Vergleich mit den Pflichten von Christinnen und Christen heraus, zum Beispiel in Bezug auf das Fasten oder das Gebet (vgl. M1 und M2).

Im Folgenden findet ihr Suren, die einige der „**Fünf Säulen**"genauer beleuchten.

Glaubensbekenntnis
1 Im Namen Gottes, des Erbarmers, des Barmherzigen! 2 Lob sei Gott, dem Herrn der Welten, 3 dem Erbarmer, dem Barmherzigen, 4 der Verfügungsgewalt besitzt über den Tag des Gerichtes. 5 Dir dienen wir, und Dich bitten wir um Hilfe. 6 Führe uns den geraden Weg, 7 den Weg derer, die Du begnadet hast, die nicht dem Zorn verfallen und nicht irregehen.

Ramadan
185 Der Monat Ramadan ist es, in dem der Koran herabgesandt wurde als Rechtleitung für die Menschen und als deutliches **Zeichen** der Rechtleitung und der Unterscheidungsnorm.Wer von euch nun in dem Monat anwesend ist, der soll in ihm fasten.Und wer krank ist oder sich auf einer Reise befindet, für den gilt eine Anzahl anderer Tage.[...] 187 Erlaubt ist euch, in der Nacht während der Fastenzeit Umgang mit euren Frauen zu haben. [...] Verkehrt nunmehr mit ihnen und trachtet nach dem, was Gott euch vorgeschrieben hat. Und esst und trinkt, bis ihr in der Morgendämmerung den weißen Faden vom schwarzen Faden unterscheiden könnt. Danach vollzieht das Fasten bis zur Nacht. Und verkehrt nicht mit ihnen, während ihr in den **Moscheen** eine Einkehrzeit einlegt.

Almosen
271 Wenn ihr Almosen offen zeigt, so ist es schön. Wenn ihr sie geheimhaltet und den Armen zukommen lasst, so ist es besser für euch, und Er sühnt euch etwas von euren Missetaten. Gott hat Kenntnis von dem, was ihr tut.

Freitagsgebet
9 O ihr, die ihr glaubt, wenn am Freitag zum Gebet gerufen wird, dann eilt zum Gedenken Gottes und lasst das Kaufgeschäft ruhen.

M1 Sure 1:1–7; Sure 2:185–187; Sure 2:271; Sure 62:9

Welche Rolle spielen die „Fünf Säulen" im Leben von muslimischen Schülerinnen und Schülern?
Das Team von „Leben gestalten" hat dazu eine kleine Umfrage gemacht. Hier zwei ausgewählte Antworten:

Gebet
„In den Ferien bin ich oft bei meinen Großeltern in Kumköy. Das liegt am Schwarzen Meer. Schon am Morgen höre ich da den Muezzin zum Gebet rufen, den Tag über fünfmal. Das klingt sehr schön, wenn die Sonne und der Muezzin einen wecken. Am Freitag gehe ich mit meinem Opa auch zur Moschee, zum Gebet. Am Brunnen im Vorhof waschen wir uns, wie es vorgeschrieben ist. Hier in Nürnberg ist das in der Schule natürlich nicht möglich, aber Opa meinte, ich kann da ja auch in der Pause mal kurz für mich sein und wenigstens an Allah denken."

Fasten
„Das war hart! Letztes Jahr fiel der Ramadan in den Juli, da sind ja noch einige Schulaufgaben zu schreiben. Und dann darfst du den ganzen Tag nichts essen und trinken! Meine Schwester ist mal umgekippt, obwohl sie älter ist. Aber wir haben durchgehalten. Da bin ich schon stolz. Mein kleiner Bruder, der noch nicht fasten muss, freut sich wie ich auf das Ende der Zeit. Da kriegt auch er Bonbons und ein bisschen Geld als Belohnung."

M2 Antworten aus einer Umfrage

Die Vielfalt muslimisch geprägter Lebenspraxis – ausgewählte Beispiele

Die Wallfahrt nach Mekka und das Opferfest

Der **Hadsch** (die **Wallfahrt** nach Mekka, vgl. S. 103: Das Bild zeigt die Kaaba in Mekka) ist die Pflicht eines jeden Muslim, der es sich leisten kann und gesundheitlich dazu in der Lage ist. Am Ende des Hadsch wird das viertägige Opferfest gefeiert. Dies geschieht in Erinnerung an Ibrahim (Abraham), der in der islamischen Überlieferung als der erste Muslim angesehen wird. Insbesondere wird hier der Prüfung Ibrahims (Abrahams) gedacht, der bereit war, auf Gottes Weisung hin seinen Sohn Ismael (Isaak) zu opfern. Für Muslime ist diese Erzählung der Beweis, dass man Gott unbedingt vertrauen kann. Der Morgen des ersten Feiertags beginnt mit einem Gebet in der **Moschee**. Anschließend wird ein Opfertier, meistens ein Lamm oder Rind, rituell nach islamischen Regeln geschächtet. Das heißt, man lässt es an der Halsschlagader ausbluten, da Blut im Islam als unrein gilt. Das Fleisch wird anschließend zu zwei Dritteln an Bedürftige und an Verwandte verteilt. Der dritte Teil wird selbst verzehrt. Es handelt sich um ein großes Familienfest, zu dem Familien von weither zusammenkommen. Zur Begrüßung wünscht man sich gegenseitig ein gesegnetes Opferfest. An diesen Tagen haben die Geschäfte in islamischen Ländern geschlossen. In Deutschland können alle muslimischen Schülerinnen und Schüler am ersten Tag des Opferfestes vom Unterricht beurlaubt werden.

Der Hadsch

Seit dem 7. Jahrhundert pilgern Muslime nach Mekka.

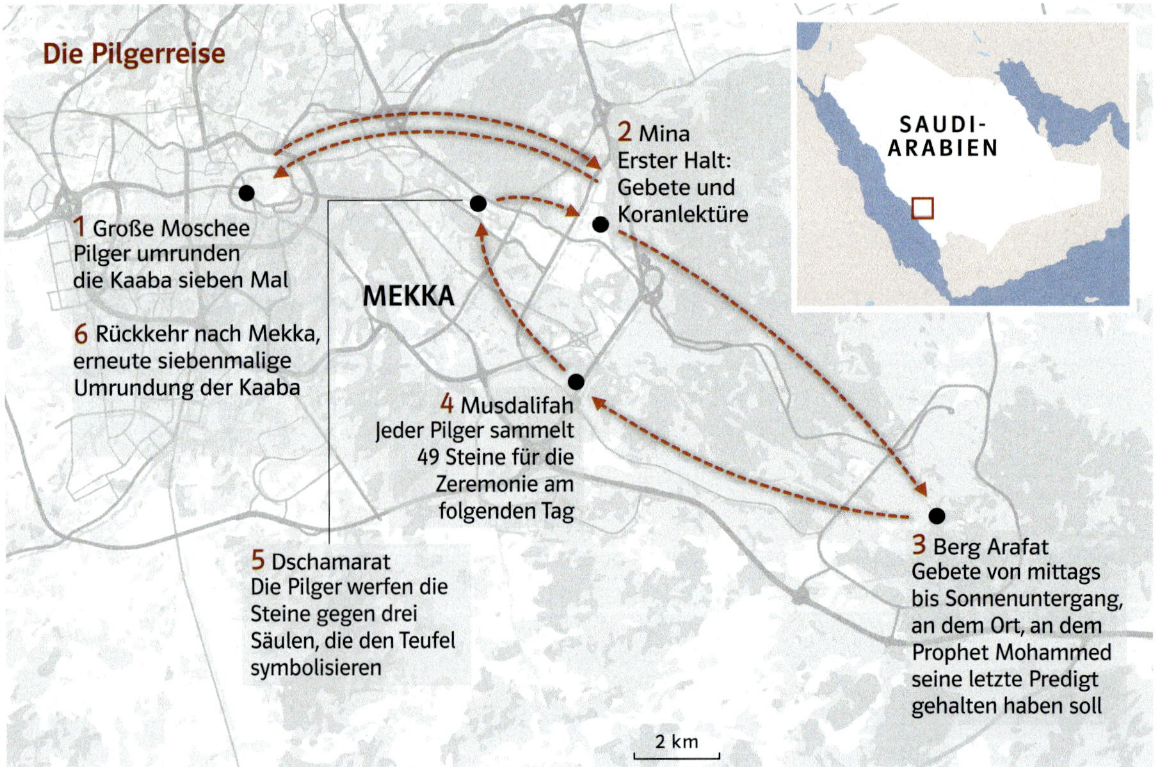

M1 Stationen des Hadsch

Das Zuckerfest

Am Ende des **Ramadan** feiern die Muslime das dreitägige Zuckerfest. Der Ramadan ist der neunte Monat im islamischen Kalender. Am Zuckerfest danken die Muslime Allah, dass sie das Fasten und alle damit verbundenen Anstrengungen geschafft haben. Am Morgen gehen alle Muslime in die Moschee. Im Anschluss findet ein Familientreffen statt, bei dem aufwendig zubereitete Leckereien, süßes Gebäck, Kuchen und Bonbons (daher stammt im weitesten Sinne auch der Name Zuckerfest, vgl. M2) angerichtet werden. Zum Zuckerfest erhalten die Kinder Geschenke und die Muslime entrichten eine Almosenabgabe für die ärmeren Menschen in islamischen Regionen. In islamischen Ländern ist während des Zuckerfests schul- und arbeitsfrei. In Deutschland können Schüler auf Wunsch beurlaubt werden und es sollten an diesen Tagen keine Schulaufgaben in Klassen mit muslimischen Schülern geschrieben werden.

M2 Süßigkeiten, die am Zuckerfest gereicht werden

Aufgaben

1 Schlagt in der Bibel die Erzählung der Prüfung Abrahams (Gen 22,1-19) nach und setzt diese zum islamischen Opferfest in Beziehung.

2 Bei der Wallfahrt nach Mekka versuchen Muslime in verschiedenen Schritten „Gott zu begegnen". Das zeigt sich in den Schritten (vgl. M1): 1. Sich rein machen vor Gott, 2. Dem Alltag absagen, 3. Sich ganz Gott widmen, 4. Gott direkt begegnen, 5. Dem Bösen absagen, 6. Etwas für sich und die anderen mitnehmen. Vergleicht diese Wallfahrt mit christlichen Wallfahrten (vgl. S. 91).

3 Beschreibt, wie Christinnen und Christen das Ende der Fastenzeit(en), die ihr aus den vergangenen Schuljahren kennt, feiern.

4 Diskutiert anhand der hier vorgestellten Beispiele, welche Gemeinsamkeiten und Unterschiede es zwischen christlichen Festen und islamischen Festen gibt (berücksichtigt dabei insbesondere auch M2).

Bekleidungsvorschriften - eine Frage der Religion?

Wenn Frauen ein Kopftuch tragen, wird das oft als typisch für den Islam angesehen und in Deutschland und weiteren europäischen Staaten heftig diskutiert.
Die Verpflichtung, das Kopftuch zu tragen, wird aus dem **Koran** abgeleitet, und zwar aus der folgenden Sure.

31 Und sprich zu den gläubigen Frauen, sie sollen ihre Blicke senken und ihre Scham bewahren, ihren Schmuck [d.h. die Körperteile, an denen sie Schmuck tragen] nicht offen zeigen, mit Ausnahme dessen, was sonst sichtbar ist. Sie sollen ihren Schleier auf den Kleiderausschnitt schlagen und ihren Schmuck nicht offen zeigen, es sei denn ihren Ehegatten, ihren Vätern, den Vätern ihrer Ehegatten, ihren Söhnen, den Söhnen ihrer Ehegatten, ihren Brüdern, den Söhnen ihrer Brüder und den Söhnen ihrer Schwestern, ihren Frauen, denen, die ihre rechte Hand besitzt [= Sklavinnen], den männlichen Gefolgsleuten, die keinen Trieb mehr haben, den Kindern, die die Blöße der Frauen nicht beachten. Sie sollen ihre Füße nicht aneinanderschlagen, damit man gewahr wird, was für einen Schmuck sie verborgen tragen. Bekehrt euch allesamt zu Gott, ihr Gläubigen, auf dass es euch wohl ergehe.

M1 Sure 24:31

Die Frage, ob bzw. welche Kopfbedeckung eine Frau im Islam zu tragen hat, wird in den muslimischen Ländern ganz unterschiedlich beantwortet. Auch in diesem Fall spielen die Traditionen und die verschiedenen Glaubensrichtungen des Islam eine große Rolle.

M2 Traditionelle arabische Frauenkleidung

Besonders von Bedeutung sind ...
- der *Hijab* oder *Hidschab*, ein Tuch, das als Überwurf über den Kopf, Schultern und Brust getragen wird,
- der *Chador* oder *Tschador*, ein langes, meist dunkles Tuch, das sowohl den Kopf als auch den Körper verhüllt und über der normalen Kleidung getragen wird und
- die *Burka*, ein einteiliges Kleidungsstück, das den ganzen Körper einschließlich des Gesichts bedeckt. In Höhe der Augen ist ein Netz eingearbeitet, das den Frauen das Sehen erlaubt.

Gerade die Burka, die in europäischen Ländern aber eher selten getragen wird, führt immer wieder zu Irritationen. Ein Islam-Experte meint hierzu:

› Auch in der islamischen Welt gibt es keine Einigkeit, in welcher Form sich Frauen in der Öffentlichkeit verhüllen müssen. Der Wortlaut des **Koran** ist hier nicht eindeutig. Aus Sure 24:31 geht nicht hervor, dass auch der Kopf bzw. die Haare bedeckt sein sollen [...].
Im Allgemeinen aber wird [daraus] die Pflicht zur Verhüllung abgeleitet. Das zeigt sich bei gläubigen Musliminnen darin, dass sie lockere, weite Kleidung tragen, die Arme und Beine bedecken und die Konturen des Körpers möglichst nicht abbilden. In der Regel gehört dann auch die Bedeckung des Kopfes dazu. Andere Musliminnen hingegen tragen ein Kopftuch, das die Haare bedeckt, das wiederum der sonstigen modischen Kleidung angepasst sein kann. Wiederum andere lehnen eine Verpflichtung zum Kopftuch ab, weil sie im Koran eben nicht ausdrücklich gefordert sei. Befürworterinnen und Befürworter des Kopftuches sprechen diesen Frauen dann zwar nicht den Glauben an sich ab, wohl aber seine Ernsthaftigkeit.
Unabhängig von der Herleitung aus dem Koran gibt es in den islamischen Ländern eine auf die Zeit Muhammads zurückreichende Tradition der Kopfbedeckung von Frauen. Aus dieser Tradition heraus leitet sich eine kulturell bedingte, als religiös begründete Verpflichtung zum Tragen des Djilbab [Hidschab] oder Tschador ab. Für die Gläubigen ist die Verhüllung dann ein Teil der Religion, weil sie zur tradierten Lebenspraxis des Islam hinzugehört. ‹

M3 Stefan Rink, Kleidungsvorschriften im Islam

M4 Frauen am Strand im Burkini (Ganzkörperbadeanzug für Musliminnen) und Bikini

Aufgaben

1 Erarbeitet mit Hilfe von M1, aus welchen Gründen Bekleidungsvorschriften erlassen werden können.

2 Erklärt auf der Grundlage von M3, warum es keine Einigkeit über die Art und Weise der Verhüllung gibt.

3 Nehmt auf dieser Grundlage und unter Einbeziehung von M2 bis M4 Stellung zur Frage, wie diese Weisung des Koran konkret umgesetzt werden kann.

4 Stefan Rink spricht in M3 von kulturell bedingten Traditionen, die bei dieser Frage eine Rolle spielen können. Tauscht euch darüber aus, welche Bekleidungsvorschriften euch aus dem eigenen Umfeld oder auch aus der Begegnung mit fremden Kulturen auf Reisen bekannt sind und wie sich diese Vorschriften auf das alltägliche Leben auswirken.

Was weiß man über Muhammad?

Im **Koran** wird Muhammad oder Mohammed (so wurde der Name lange Zeit in Deutschland ausgesprochen) selten mit Namen genannt, er gilt aber als herausragendes **Vorbild**. Sein Name ist eigentlich ein Ehrentitel: „der Glorreiche". Näheres über sein Leben erfahren wir aus den Erzählungen der sogenannten Sira, von der ihr bereits gehört habt. Diese ist die einzige Quelle.

Muhammad zeigt im Koran zwei Gesichter. Das eine ist mit dem Namen Mekka, das andere mit der Stadt Medina verbunden. Denn die Offenbarungen an Muhammad in Mekka sind anderer Natur als die in Medina. So ist z. B. das Trinken von Wein in den Suren von Mekka erlaubt, später in Medina verboten. Um die Schwierigkeiten zu verstehen, die sich aus den widersprüchlichen Aussagen ergeben, muss man also die Suren Muhammads, die in Mekka entstanden sind, den späteren aus Medina gegenüberstellen. Aber was wissen wir denn überhaupt vom Leben des Propheten Muhammad?

Der Überlieferung zufolge wurde Muhammad etwa 570/571 in Mekka (heute Saudi-Arabien) geboren. Sein Vater starb noch vor seiner Geburt, seine Mutter, als er fünf Jahre alt war. So wurde er von seinem Onkel Abu Talib aufgezogen. Er wurde wie sein Onkel Kaufmann und lernte auf seinen Geschäftsreisen den Glauben von Juden und Christen kennen, der einen großen Eindruck bei ihm hinterließ. Mit etwa 25 Jahren heiratete er die reiche Kaufmannswitwe Chadidscha, eine entfernte Verwandte, die ebenfalls dem Stamm der Kuraisch angehörte. Die beiden hatten sieben Kinder, von denen jedoch nur Töchter am Leben blieben, sodass er keinen direkten männlichen Nachfolger hatte. Im Jahr 611 erlebte er in der Wüste beim Berg Hira seine erste Vision, der später noch mehrere folgen sollten.

› Als Vierzigjähriger hatte Mohammed zum ersten Mal Visionen und hörte Stimmen. Seine Visionen wurden ihm zunächst hell wie der Sonnenaufgang während seines Schlafes im Monat **Ramadan** zuteil. Mohammed sagte, der Engel Gabriel sei mit einem Tuch aus Brokat zu ihm gekommen, auf dem sich Schriftzeichen befanden, und habe ihm zu lesen befohlen. ‹

M1 Bill Warner, Die Sira

Bald darauf fing er an, seine Visionen in Mekka zu verkünden. Wenige nahmen ihn jedoch wirklich ernst, stattdessen wurde er von vielen verspottet und verhöhnt.

Im Jahr 619 führten zwei schwerwiegende Ereignisse zu einem Wendepunkt in seinem Leben. Sein mächtiger Onkel verstarb, kurz darauf auch seine Frau. So war er nicht mehr länger durch seine Familie geschützt. Im Jahr 622 spitzte sich die Situation so weit zu, dass seine Anhänger, die ersten Muslime, unter Muhammads Führung in das 300 Kilometer entfernte Yathrib auswanderten, das später Medina (Stadt des Propheten) genannt wurde. Dieses Ereignis wurde als so bedeutend empfunden, dass mit dem Jahr 622 die islamische Zeitrechnung beginnt.
In dieser schwierigen, als äußerst bedrohlich empfundenen Situation forderte Muhammad seine Anhänger wohl auch erstmals auf, nicht länger Verfolgung und Schmähung zu dulden, wie das in Mekka noch der Fall war, sondern selbst Gewalt auszuüben, um sich zu behaupten. Im Koran heißt es dazu:

29 Kämpft gegen diejenigen, die nicht an Gott und nicht an den Jüngsten Tag glauben und nicht verbieten, was Gott und sein Gesandter verboten haben, und nicht der Religion der Wahrheit angehören [...].

M2 Sure 9:29

Im März des Jahres 624 überfielen seine Gefolgsleute bei dem Wüstenort Badr eine Karawane aus Mekka. Daraufhin entsandten die Männer aus Mekka eine Schutztruppe, die trotz ihrer Überlegenheit von den Männern aus Medina besiegt wurde. Dieses Ereignis gilt für Muslime bis heute als eine entscheidende Schlacht in ihrer Geschichte. Im Jahr 630 ritt Muhammad als Sieger in Mekka ein. Die Kaaba, ein altes Heiligtum Mekkas, wurde zum muslimischen Pilgerziel, was es bis heute geblieben ist.

Von diesem Zeitpunkt an verstand sich Muhammad als der wahre Nachfolger Abrahams (arab.: *Ibrahim*), der berufen ist, den wahren Gottesglauben wieder aufzurichten. Abraham wird deshalb auch gemeinsam mit seinem Sohn Ismael als Gründer der heiligen Stätte in Mekka dargestellt. Muhammad reinigte die Kaaba vom Götzenkult und weihte sie neu dem einzigen Gott, wie das der Überlieferung nach zuvor Abraham zusammen mit Ismael getan hatte. Auf diese Weise begründete er endgültig den Islam. Muhammad starb im Jahr 632 in Medina.

M3 Nakkas Osman, Siyer i-Nebi, Istanbul, 1595. Muhammad kniet hier vor dem Heiligtum von Mekka, der Kaaba, die nach muslimischem Glauben von Ibrahim und Ismael erbaut wurde.

Aufgaben

1 Erstellt auf der Grundlage der hier vorliegenden Informationen eine Zeitleiste zum Leben von Muhammad und ordnet das Bild M3 dem entsprechenden Ereignis zu.

2 Erläutert, warum mit dem Jahr 622 für die Muslime eine eigene Zeitrechnung beginnt. Bezieht dabei auch ein, was euch von der christlichen Zeitrechnung bekannt ist.

3 Setzt euch anschließend mit der Frage auseinander, worin die besondere Bedeutung des Propheten Muhammad für Muslime besteht und was sein Wirken insgesamt kennzeichnet.

Die Vorstellung Gottes im Islam und im Christentum

Judentum, Christentum und Islam sind monotheistische Religionen, d.h. sie bekennen sich zu dem einen Gott, dem Schöpfer des Himmels und der Erde. Darüber hinaus schreiben jedoch alle drei monotheistischen Religionen Gott weitere Eigenschaften zu, die sein Wesen und sein Handeln kennzeichnen. In der islamischen Tradition kennt man 99 Namen bzw. Eigenschaften Gottes, so zum Beispiel: der, außer dem es keinen Gott gibt, der Erbarmer, der Barmherzige, der Herrscher, der Heilige, das Heil, der Treue, der Beschützer, der Mächtige, der Allmächtige, der Überragende, der Schöpfer, der Bildner, der Former, der Verzeiher, der Bezwinger, der Schenker, der Ernährer, der Öffner, der Allwissende, der Unzugängliche, der Verborgene.

Muslimen fällt es jedoch schwer bzw. sie lehnen es ab, Gott als Vater anzusprechen. Dahinter steht die Sorge, dass Gott „vermenschlicht wird", zumal wenn Jesus Christus im Christentum als Sohn Gottes bezeichnet wird. Jesus (arab.: *Isa*) wird in den Suren des **Koran** sogar 25 Mal erwähnt. Oft wird er dort auch *al-Masih* genannt, eine wörtliche Übersetzung des griechischen Wortes Christus, also „der Gesalbte". Deshalb ist es nicht überraschend, dass selbst die Weihnachtsgeschichte im Koran erzählt wird, allerdings auf etwas andere Weise, als wir es gewohnt sind.

Die Geburt Isas
16 Und gedenke im Buch der Maria, als sie sich von ihren Angehörigen an einen östlichen Ort zurückzog.
17 Sie nahm sich einen Vorhang vor ihnen. Da sandten Wir unseren Geist zu ihr. Er erschien ihr im Bildnis eines wohlgestalteten Menschen. **18** Sie sagte: „Ich suche beim Erbarmer Zuflucht vor dir, so du gottesfürchtig bist." **19** Er sagte: „Ich bin der Bote deines Herrn, um die einen lauteren Knaben zu schenken."
20 Sie sagte: „Wie soll ich einen Knaben bekommen? Es hat mich doch kein Mensch berührt, und ich bin keine Hure." **21** Er sagte: „So wird es sein. Dein Herr spricht: Das ist Mir ein Leichtes. Wir wollen ihn zu einem **Zeichen** für die Menschen und zu einer Barmherzigkeit von Uns machen. Und es ist eine beschlossene Sache." **22** So empfing sie ihn. Und sie zog sich mit ihm zu einem entlegenen Ort zurück. [...] **27** Dann kam sie mit ihm [dem neugeborenen Kind] zu ihrem Volk indem sie ihn trug. Sie sagten: „O Maria, du hast eine unerhörte Sache begangen. **28** O Schwester Aarons, nicht war dein Vater ein schlechter Mann, und nicht war deine Mutter eine Hure." **29** Sie zeigte auf ihn [Jesus]. Sie sagten: „Wie können wir mit dem reden, der noch ein Kind in der Wiege ist? **30** Er [Jesus] sagte: „Ich bin der Diener Gottes. Er ließ mir das Buch zukommen und machte mich zu einem Propheten. **31** Und Er machte mich gesegnet, wo immer ich bin. Und Er trug mir auf, das Gebet und die Abgabe (zu erfüllen), solange ich lebe, **32** und pietätvoll [= ehrerbietig] gegen meine Mutter zu sein. Und Er machte mich nicht zu einem unglückseligen Gewaltherrscher. **33** Und Friede sei über mir am Tag, da ich geboren wurde, und am Tag, da ich sterbe, und am Tag, da ich wieder zum Leben erweckt werde."

M1 Sure 19

Aufgaben

1 Vergleicht die Geburtsgeschichte Jesu, wie sie bei Lukas 2, 1-21 dargestellt wird, mit der Version **M1**. Dabei helfen euch folgende Fragen: Wer verkündet die Botschaft? Welchen Inhalt hat die Botschaft? Wie werden Isa bzw. Jesus näher beschrieben? Welche Aussagen machen die „Gesandten" (Engel) Maria gegenüber? Welche Aufgabe hat Jesus, welche Isa diesen Aussagen zufolge?

Trinität – Dreifaltigkeit oder Dreigötterlehre?

Der zentrale Vorwurf des Islam lautet, dass in der christlichen Lehre von der Dreifaltigkeit bzw. der Dreieinigkeit Gott, dem Schöpfer, eine zweite und dritte Gottheit zur Seite gestellt wird und damit der Monotheismus für das Christentum nicht mehr gelte.

171 O Leute des Buches [gemeint sind hier die Christen], übertreibt nicht in eurer Religion und sagt über Gott nur die Wahrheit. Christus Jesus, der Sohn Marias, ist doch nur der Gesandte Gottes und sein Wort, das er zu Maria hinüberbrachte, und ein Geist von Ihm. So glaubt an Gott und seinen Gesandten. Und sagt nicht: Drei. Hört auf, das ist besser für euch. Gott ist doch ein einziger Gott.

M2 Sure 4:171

Es ist selbst für Christen schwer, die Trinität (Dreifaltigkeit) zu erklären bzw. zu verstehen. Um zu verdeutlichen, dass das Christentum eine monotheistische Religion ist, könnte die Trinität vereinfacht so verstanden werden, dass Gott sich den Menschen im Laufe der Heilsgeschichte in dreifacher Weise offenbart hat: als *Vater*, der die Welt geschaffen und uns das Leben geschenkt hat, als *Sohn* in Jesus von Nazaret und als *Heiliger Geist*, das heißt als göttliche Kraft, die uns mit Gott verbindet.

M3 Ausschnitt aus einem Gemälde des Boulbon-Altars, 1450

Heute bringt man dieses Beziehungsgefüge von Vater, Sohn und Geist auch gern folgendermaßen zum Ausdruck:

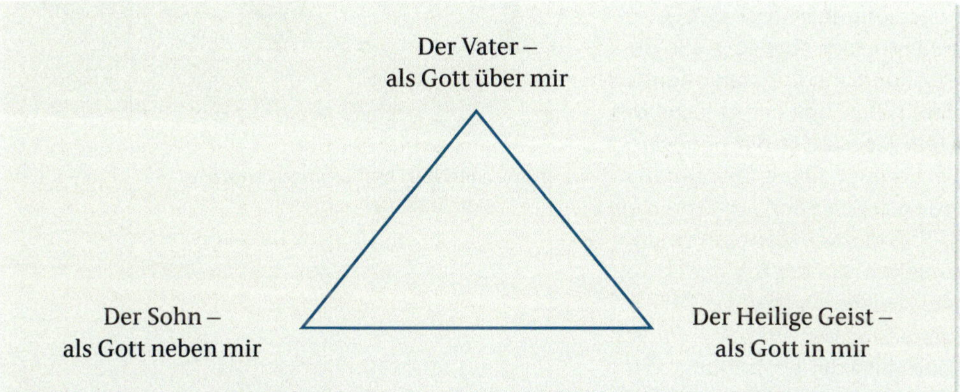

M4 Schaubild zur Dreifaltigkeit

2 Überlegt, was es für die Beziehung zwischen Islam und Christentum bedeutet, dass Jesus bzw. Isa trotz der Unterschiede in beiden Religionen eine wichtige Rolle spielt.

3 Arbeitet aus Seite 118 sowie **M2** bis **M4** heraus, welche Vorstellungen von Gott Islam und Christentum gemeinsam sind und worin das Trennende besteht.

4 Entwerft einen Dialog zwischen einem gläubigen Muslim und einem gläubigen Christen, in denen diese sich gegenseitig darüber austauschen, wie sie Jesus bzw. Isa sehen und was das für die jeweilige Gottesvorstellung bedeutet.

Das Verständnis der Heiligen Schriften im Islam und Christentum

Ihr habt bereits davon gehört, dass der Koran nach muslimischer Auffassung unmittelbar von Gott überliefert wurde. Wer also zum Beispiel im Gottesdienst die Worte aus dem **Koran** hört, zu dem spricht Gott. Was das Wesen Gottes ausmacht (vgl. die 99 Namen, S. 118), wie er sich den Menschen zuwendet, was er von den Menschen erwartet, das wird in diesem Buch, dem Koran, offenbart. Und es wird dem Verständnis des Islam zufolge nur in diesem Buch offenbart.

Im Islam herrscht eigentlich ein strenges Bilderverbot. Deshalb finden sich auch kaum Bilder, welche den Propheten Muhammad darstellen. Wird er dennoch – wie hier – abgebildet, so nur mit verschleiertem Gesicht.
Deshalb tritt auch Allah in diesem Bild nicht selbst in Erscheinung, sondern es ist der Erzengel Gabriel, der Muhammad die Worte Gottes übermittelt. Muhammad konnte jedoch der Überlieferung nach nicht schreiben, weshalb ihm die Worte Gottes gleichsam „ins Herz geschrieben" und erst später schriftlich festgehalten wurden. Daher bedeutet das arabische Wort Koran auch wörtlich „Lesung/Rezitation", also „mündlicher Vortrag". Daher wird der Koran in allen **Moscheen** bis heute in arabischer Sprache vorgetragen. Im Islam ist es also ein Buch, der Koran, das das entscheidende Bindeglied zwischen Gott und Mensch darstellt, durch das Gott sich den Menschen offenbart (vgl. M1). Darum kommt dem Koran auch eine so große Bedeutung zu. Für Christinnen und Christen offenbart Gott sich in einem Menschen, nämlich in Jesus, der als der lange erwartete Messias, also als Erlöser verehrt wird. Die Bibel ordnet dieses Geschehen in die lange Geschichte Gottes mit den Menschen ein und hilft uns so, das Ereignis der Menschwerdung Gottes besser zu verstehen. Auf der folgenden Seite könnt ihr erfahren, inwiefern sich unser Verständnis von der Entstehung der Bibel von der Vorstellung des Islam bezüglich der Entstehung des Koran unterscheidet.

M1 Miniatur: Muhammad empfängt den Koran durch den Erzengel Gabriel

Aufgaben

1 Beschreibt, was ihr auf dem Bild M1 erkennen könnt, und achtet dabei besonders auf die räumliche Verteilung, also auf die Struktur des Bildes. Überlegt dann, welche Beziehung zwischen dem Erzengel und dem Propheten Muhammad auf diese Weise zum Ausdruck gebracht wird und welche Bedeutung dem Berg im Hintergrund zukommen könnte.

2 Tauscht euch darüber aus, was ihr bereits über die Bibel als Heilige Schrift des Christentums gelernt habt.

Das Verständnis der Heiligen Schrift im Christentum

Lukas eröffnet sein **Evangelium** mit folgenden Worten:

1 Schon viele haben es unternommen, eine Erzählung über die Ereignisse abzufassen, die sich unter uns er-
füllt haben. 2 Dabei hielten sie sich an die Überlieferung derer, die von Anfang an Augenzeugen und Diener
des Wortes waren. 3 Nun habe auch ich mich entschlossen, nachdem ich allem vom Beginn an sorgfältig
nachgegangen bin, es für dich, hochverehrter Theophilus, der Reihe nach aufzuschreiben. 4 So kannst du
dich von der Zuverlässigkeit der Lehre überzeugen, in der du unterwiesen wurdest.

M2 Lk 1, 1-4

Hier spricht also ein selbstbewusster Schriftsteller zu uns, der den Anspruch erhebt, uns die Geschichte von Jesus „der Reihe nach aufzuschreiben", nachdem er diese sorgfältig recherchiert hat. Dieses Vorgehen ist beispielhaft für die Entstehung der gesamten Heiligen Schrift in einem Zeitraum von über 1000 Jahren (vgl. Kap.3).

M3 Caravaggio, Inspiration des Matthäus, 1602

3 Arbeitet aus dem Informationstext heraus, inwiefern sich das Verständnis der Heiligen Schriften im Islam und im Christentum unterscheidet. Was könnte man vor diesem Hintergrund unter der Aussage verstehen, die Bibel sei „Gotteswort im Menschenwort"?

4 Setzt eure Ergebnisse zu den Darstellungen in **M1** und **M3** in Beziehung und achtet dabei besonders auf die Unterschiede.

Wie kann das Zusammenleben gelingen?

Obwohl es immer noch offene Fragen zwischen Christentum und Islam gibt, ist der Dialog seit ca. 60 Jahren ein wichtiges Anliegen beider Religionen. Das spiegelt sich deutlich in den im Folgenden wiedergegebenen Dokumenten wider: der Erklärung *Nostra Aetate* (lat.: In unserer Zeit), die im Jahr 1964 vom Zweiten Vatikanischen Konzil verabschiedet wurde, und einer Erklärung des Islamischen Weltkongresses aus dem Jahr 1973 über das Verhältnis von Christentum und Islam.

› Mit Hochachtung betrachtet die Kirche auch die Muslime, die den alleinigen Gott anbeten, den lebendigen und in sich seienden, barmherzigen und allmächtigen, den Schöpfer Himmels und der Erde, der zu den Menschen gesprochen hat. Sie mühen sich, auch seinen verborgenen Ratschlüssen sich mit ganzer Seele zu unterwerfen, so wie Abraham sich Gott unterworfen hat, auf den der islamische Glaube sich gerne beruft. Jesus, den sie allerdings nicht als Gott anerkennen, verehren sie doch als Propheten, und sie ehren seine jungfräuliche Mutter Maria, die sie bisweilen auch in Frömmigkeit anrufen. Überdies erwarten sie den Tag des Gerichtes, an dem Gott alle Menschen auferweckt und ihnen vergilt. Deshalb legen sie Wert auf eine sittliche Lebenshaltung und verehren Gott besonders durch Gebet, Almosen und Fasten. Da es jedoch im Lauf der Jahrhunderte zu manchen Zwistigkeiten und Feindschaften zwischen Christen und Muslimen kam, ermahnt die Heilige Synode alle, das Vergangene beiseite zu lassen, sich aufrichtig um gegenseitiges Verstehen zu bemühen und gemeinsam einzutreten für Schutz und Förderung der sozialen Gerechtigkeit, der sittlichen Güter und nicht zuletzt des Friedens und der Freiheit für alle Menschen. ‹

M1 Nostra Aetate – Die Erklärung der Haltung der Kirche zu den nichtchristlichen Religionen

› Der Islam ist für eine Verständigung mit den christlichen Kirchen. Er ist bereit, unter alle Unstimmigkeiten und Missverständnisse, die die Vergangenheit belasten, einen Schlussstrich zu ziehen und mit den Kirchen zum Wohle der Menschheit zusammenzuarbeiten. ‹

M2 Nach der Erklärung des Islamischen Weltkongresses aus dem Jahr 1973

Aufgaben

1 Arbeitet aus den Erklärungen M1 und M2 heraus, worin das Verbindende zwischen Islam und Christentum gesehen wird. Nehmt dazu auf der Grundlage der im Laufe des Kapitels gewonnenen Erkenntnisse Stellung.

2 In den Texten ist auch davon die Rede, dass diese gegenseitige Anerkennung keineswegs selbstverständlich ist. Diskutiert, was in der Vergangenheit – und vielleicht auch heute noch – zu Problemen und Missverständnissen im Zusammenleben von Christen und Muslimen führen könnte.

3 Stellt anhand von M3 heraus, welche Voraussetzungen nach Einschätzung der hier Interviewten gegeben sein müssen, damit das Zusammenleben vor Ort gelingt.

4 Formuliert einige Verhaltensregeln, die das friedliche Miteinander zwischen Muslimen und Christen fördern und unterstützen.

5 Es gibt heute viele Initiativen, die darauf ausgerichtet sind, sich gegenseitig besser kennenzulernen, sich zu unterstützen oder auch einfach nur miteinander zu feiern. Recherchiert, welche derartigen christlich-islamischen Initiativen es in eurer näheren Umgebung gibt.Vielleicht könnt ihr mit diesen ja auch in Kontakt treten und einen Vertreter oder eine Vertreterin zu euch in den Unterricht einladen.

Der katholische Kindergarten Sankt Walburg betreut muslimische und christliche Kinder. Das Team von „Leben gestalten" (LG) hat die bisherige Leiterin, Schwester Leodegaria (SL), und Herrn Demirel (D), den Zweiten Vorsitzenden des muslimischen Kulturvereins Eichstätt, interviewt.

LG: „Schwester Leodegaria, Sie gehören dem Benediktinerorden an und sind Leiterin des katholischen Kindergartens Sankt Walburg. Auffallend ist, dass trotz vieler anderer Angebote Muslime ihre Kinder gerade zu Ihnen schicken."
SL: „Eltern, die ihre Kinder bei uns anmelden, wissen, dass wir Schwestern die Kinder so annehmen, wie sie sind, jeden so behandeln, wie es seiner Eigenart entspricht. Sie wissen, wir tragen die Erziehung gemeinsam, wir legen Wert auf religiöse Bildung und es gibt für keinen eine Sonderstellung."
LG: „Was ist dabei Ihr Ziel?"
SL: „Die Kompetenz weiterzugeben, den anderen zu achten in seiner Selbständigkeit, nicht dulden, sondern miteinander leben können, jeder mit seinem Glauben."
LG: „Wie wird der Glaube vermittelt?"
SL: „Also die Kinder sind da alle gleich, ohne Ausnahme, sie haben ein natürliches Interesse und sind noch nicht so eingeschränkt von außen, wie es Jugendliche oder Erwachsene dann werden. Kinder saugen Geschichten und religiöse Gespräche richtig auf. Wir sprechen über die Fragen, die jeden angehen, aber wir missionieren nicht."
LG: „Sie feiern Feste, Sie halten Kindergottesdienste?"
SL: „Natürlich. Feste und Feiern werden von Christen und Muslimen angenommen. Z.B. spricht der Laternenumzug bei Sankt Martin gerade Muslime an. Teilen oder Barmherzigkeit betreffen jeden. Oder die Nikolausfeier. Gerade die türkischen Muslime sind da sehr stolz auf den Heiligen, der ja aus ihrem Myra in der Türkei stammt. Beim Betreten der Kirche bleiben sie dann draußen. Es wird immer vorher gesagt, dass niemand zu diesen Festen kommen muss. Aber kaum jemand will dann nicht dabei sein."
LG: „Wie gehen die Kinder miteinander um?"
SL: „Die Kinder haben kein Problem, miteinander umzugehen. Sie wissen, dass andere einen anderen Glauben haben und dass sie bei religiösen Gesprächen nicht mitmachen müssen."
LG: „Gibt es Schwierigkeiten mit den Speisevorschriften?
SL: „Heute gibt es so viele unterschiedliche Essgewohnheiten, da fällt kaum jemandem auf, dass die einen eben keine Wurst nehmen, sondern eben Käse oder anderes."
LG: „Was stellen muslimische Eltern als Wunsch in den Vordergrund?"
SL: „Sie wollen eine geradlinige Erziehung, eine klare Ordnung. Die Kinder sollen einen gewissen Schutz haben und fürs Leben erzogen werden. Wichtig ist, dass man keine Unterschiede macht."
LG: „Gibt es für Sie als Schwester deutliche Grenzen?"
SL: „Die neuen Bildungsrichtlinien reden von Offenheit gegen andere Religionen. [...] Für mich ist Glauben nicht, dass alles gleich gültig ist. Offenheit lebe ich schließlich aus meinem Glauben heraus, und das wird auch von Muslimen honoriert."

LG: „Herr Demirel, warum schicken Sie Ihre Kinder in einen katholischen Kindergarten?"
D: „Meine drei Kinder waren alle in Sankt Walburg. Alle sind zufrieden, nie gab es einen Streit."
LG: „Welche Rolle spielt für Sie der Glaube?"
D: „Wichtig ist, dass der Kindergarten gläubig ist, denn wenn der Kindergarten kein Glaubensinteresse hat, dann hat er kein echtes Interesse am Kind. Wo es da einen Glauben gibt, gibt es keine Probleme."
LG: „Was ist für Sie das Wichtigste an dem Kindergarten?"
D: „Dass es keine Unterschiede gibt zu den anderen Kindern und die Kinder freundlich und gleich behandelt werden. Das ist bei den Schwestern in Sankt Walburg sicher."

M3 Interview mit Schwester Leodegaria und Herrn Demirel

Spurensuche

M1 Foto aus Luxor (Ägypten)

Aufgaben

1 „Das Einzige, was in Gesellschaften mit unterschiedlichen Religionen die Würde aller wahren kann, ist ein Gespräch miteinander, und zwar über alle Belange, bei dem niemand dem anderen gnädig etwas gewährt, sondern wo Zusammenleben Respekt und Gleichwertigkeit bedeutet." Setzt das Zitat eines arabischen Muslims zu dem Foto M1 in Beziehung. Formuliert anschließend Gesprächsregeln, die Grundlage eines solchen Gesprächs auf Augenhöhe sein könnten.

2 Zu Beginn der Einheit steht eine Mindmap (eure eigene oder die auf Seite 107). Teilt die darauf stehenden Fragen in Gruppen auf und erstellt nun am Ende einen Kurzvortrag von ca. 2–3 Minuten, der die eurer Gruppe zugeordnete Frage kompakt beantwortet. Dieser Kurzvortrag sollte möglichst interessant gestaltet sein.

3 Erstellt parallel dazu eine Mindmap mit vergleichbaren Fragen zum Christentum und ergänzt die dazu passende Antworten. Vergleicht die Ergebnisse mit der Mindmap zum Islam und stellt abschließend Gemeinsamkeiten und Unterschiede heraus.

4 Vielleicht habt ihr ja die Möglichkeit, eine **Moschee** zu besuchen. Formuliert vorbereitend einen Fragenkatalog mit den Anfragen, die ihr dort stellen wollt. Berücksichtigt dabei die Gesprächsregeln aus dem ersten Arbeitsauftrag. Möglicherweise gibt es in eurer näheren Umgebung auch gemeinsame Veranstaltungen etwa zum interreligiösen Dialog, die ihr besuchen könnt, um noch mehr über den Islam zu erfahren.

Anhang

Askese
Unter Askese versteht man eine streng enthaltsame (genügsame) Lebensweise, was eine starke Selbstkontrolle voraussetzt. Dies bedeutet zum Beispiel ein bewusster Verzicht auf Nahrung oder Schlaf.

Bat-Mizwa/Bar-Mizwa
Jüdische Mädchen und jüdische Jungen sind im Alter von 12 bwz. 13 Jahren im religiösen Sinne volljährig, das heißt, sie zählen als vollwertige Mitglieder der jüdischen Gemeinde und übernehmen die damit verbundenen Rechte und Pflichten. Weil dies ein so besonderer Einschnitt in ihrem Leben ist, gibt es dazu einen festlichen Gottesdienst, bei dem die Jugendlichen u.a. zum ersten Mal vor der Gemeinde aus der Thora lesen. Dazu lernen sie vorher Hebräisch. Für Mädchen lautet der Begriff des Festtags Bat Mizwa (Tochter der Pflicht), Jungen feiern Bar Mizwa (Sohn der Pflicht). Nach dem Gottesdienst am Vormittag folgt mittlerweile in vielen Familien eine große Feier.

Bistumspatron
Bistumspatrone sind selig oder heilig gesprochene Menschen, die im jeweiligen Bistum gewirkt und das Bistum durch ihr Handeln entscheidend geprägt haben.

Buße/Versöhnung
Schuld und Sünde beeinträchtigen das Leben in vielfältiger Weise. Man entfremdet sich nicht nur von sich selbst und den Mitmenschen, sondern auch von Gott und der Kirche. Die persönliche Beichte im Bußsakrament lässt Gottes Erbarmen und Liebe erfahrbar werden. Es schenkt Vergebung und Versöhnung und ruft zu Erneuerung und Umkehr auf. Dieser Prozess entfaltet sich in mehreren Schritten: Erforschung des Gewissens, Reue und Vorsatz, Bekenntnis der Sünden, Lossprechung und Vergebung sowie Bußwerk oder Wiedergutmachung.

Ehe
Die lebenslange Gemeinschaft zwischen einer Frau und einem Mann wird als Ehe (ahd.: Ewigkeit, Recht, Gesetz) bezeichnet. Das Sakrament der Ehe spenden sich die Eheleute bei der Trauung selbst, wenn sie in Anwesenheit von zwei Trauzeugen und dem zuständigen Geistlichen den lebenslangen unauflöslichen Ehebund schließen.

Eisberg-Modell
Konflikte werden oft mit einem Eisberg verglichen, daher nennt man das Konfliktmodell von Christoph Besemer auch das „Eisberg-Modell". Es zeigt, dass man als Außenstehender zwar gut erkennen kann, wenn sich zwei oder mehrere Personen streiten. Das heißt aber noch lange nicht, dass sich erkennen lässt, weshalb dieser Streit entstanden ist, wer oder was ihn ausgelöst hat. Diese Ursachen sind oft verdeckt und entsprechen im Eisberg-Modell dem großen Teil des Eisbergs, der unter Wasser im Verborgenen liegt und von außen nicht gesehen werden kann. Sichtbar ist beim Eisberg nur die Spitze. Übertragen auf den Konflikt heißt das, zu sehen ist zunächst nur der Streit. Wenn man wissen will, wie er entstanden ist, muss man tiefer nachforschen und stößt dabei ganz häufig auf vielerlei Gründe. Diese zu kennen ist sehr hilfreich für die Konfliktlösung, weil man sich dann viel besser auf sein Gegenüber einstellen kann.

Eremit
Ein Eremit ist ein Mensch (z.B. Antonius), der aus religiöser Überzeugung in Abgeschiedenheit lebt.

Eucharistiefeier
Sie ist die von der katholischen Kirche begangene gottesdienstliche Feier zum Gedächtnis des letzten Abendmahls Jesu Christi, seines Todes und seiner Auferstehung (griech. eucharistia = „Danksagung").
Sie wird auch Messfeier oder heilige Messe genannt.
Aufbau:
- Eröffnung (mit Einzug, Kreuzzeichen, liturgischem Gruß, allgemeinem Schuldbekenntnis, Kyrie, Gloria und Tagesgebet);

- Wortgottesdienst (mit Lesungen, Ruf vor dem Evangelium, Evangelium, Homilie = Predigt, Glaubensbekenntnis und Fürbitten);
- Eucharistiefeier (mit Gabenbereitung, eucharistischem Hochgebet, Kommunion) und
- Abschluss (mit Segen, Entlassungsruf und Auszug).

Mit dem Wort Eucharistie werden auch die zu Leib und Blut Christi gewandelten Opfergaben Brot und Wein bezeichnet. Auf diese Weise ist Jesus Christus als der Auferstandene bei jeder Feier der Eucharistie in seiner Gemeinde gegenwärtig.

Evangelium

Der Begriff leitet sich vom griechischen Wort euangelion ab, was mit „gute Nachricht“ oder „frohe Botschaft“ übersetzt werden kann. Ursprünglich wird dieser Begriff für positive Meldungen aus dem römischen Kaiserhaus verwendet, dann jedoch auf die Botschaft von Leben, Tod und Auferstehung Jesu Christi übertragen. Die vier Evangelien im Neuen Testament sind nach Matthäus, Markus, Lukas und Johannes benannt.

Firmung

(lat.: firmare = festmachen, bestärken) Bei diesem Initiationssakrament bekräftigen die Kinder bzw. Jugendlichen, die es empfangen („Firmlinge“), ihren Glauben und ihre Zugehörigkeit zur Gemeinschaft der Kirche. Sie empfangen „die Gabe Gottes, den Heiligen Geist“, der sie auf ihrem weiteren Lebensweg bestärkt. Der Bischof (oder ein von ihm beauftragter Priester) spendet das Sakrament durch Salbung und mit Handauflegung.

Fünf Säulen

Es gibt fünf wichtige Handlungsgrundsätze im Islam, die sogenannten fünf Säulen. Die erste Säule ist das muslimische Glaubensbekenntnis (Schahada): „Es gibt keinen Gott außer Allah und Muhammad ist sein Gesandter.“ Die zweite Säule sind die rituellen Gebete fünf Mal am Tag (Salat). Die dritte Säule ist die Vermögensabgabe (Zakat), nach der jeder Muslim einen kleinen Teil seines Besitzes oder Verdienstes spenden soll. Die vierte Säule ist das Fasten im Ramadan (Saum). Die fünfte Säule ist die Pilgerfahrt nach Mekka (Hadsch).

Gleichnis

Um seinen Zuhörern die komplizierte Botschaft vom Reich Gottes verständlich zu machen und zu veranschaulichen, erzählt Jesus Gleichnisse. Das sind kleine Geschichten, die meist an die Alltagswelt des einfachen Volkes anknüpfen und durch einzelne Elemente oder ihre ganze Handlung Aussagen über das Reich Gottes treffen. Durch die Verwendung von Bildern und eine alltagsnahe Sprache sind Gleichnisse sehr anschaulich. Bekannte Beispiele sind das Gleichnis vom Sämann oder vom Senfkorn.

Gottes Sohn

Von den ägyptischen Pharaonen, die sich als Abkömmling des Sonnengottes, als „Sohn des Re“, verehren ließen, wanderte der Titel später zu den römischen Kaisern. Ihre Bezeichnung als „Gottes Sohn“ (lat.: divi filius, griech. theou hyios) unterstreicht einerseits ihre herausgehobene Position, andererseits ihren Machtanspruch. Die Wendung gehört auch zu den sogenannten Hoheitstiteln Jesu. Wenn Markus gleich im ersten Vers seines Evangeliums die Gottes-Sohnschaft Jesu besonders herausstellt, will er ihn deutlich vom zeitgenössischen römischen Kaiser Vespasian abgrenzen, dem dieser Titel aufgrund politischer Wirren vor seiner Amtsübernahme fehlte. Zugleich bringt er jedoch auch zum Ausdruck, dass Jesus in seinem Wirken unmittelbar die bedingungslose Zuwendung Gottes zu den Menschen verkörpert: der Sohn ist wesenseins mit dem Vater.

Hadithe

Als Hadithe (arab.: Erzählung, Bericht, Mitteilung, Überlieferung) bezeichnet man die Überlieferungen von Aussagen, Geschichten und Redensarten, die Muhammad selbst gemacht hat, bzw. Aussprüche seiner Frauen und Gefährten, die er als beachtenswert anerkannt hat. Die Hadithe gelten im Islam als zweitwichtigste Quelle nach dem Koran, an denen man sich in seinem Leben orientieren soll.

Initiation/Initiationssakramente
(lat.: initiare = Eingang gewähren) Christliche Initiation ist der Weg des Christwerdens, des Hineinwachsens in eine lebensprägende christliche Identität. Sie zielt auf die Bereitschaft und Fähigkeit, als Christ an Sendung und Aufgabe der Kirche mitzuwirken. Die drei Initiationsakramente, die einen Christen zum vollberechtigten Kirchenmitglied machen, sind Taufe, Erstkommunion und Firmung.

Ketzer
Ein Ketzer ist ein Mensch (z.B. ein Mitglied der Katharer-Bewegung), der von der offiziellen Glaubenslehre der Kirche abweicht. Deshalb wurden sie in der Geschichte der Kirche vielfach verfolgt.

Koinobiten
Im Gegensatz zu den Eremiten bezeichnet das Koinobitentum eine Gruppe von Mönchen, die nach bestimmten Regeln in Gemeinschaft leben und sich in ihrer Lebensweise von der Außenwelt abgrenzen.

Konfession
Im Laufe der Geschichte haben sich im Christentum verschiedene Glaubensrichtungen entwickelt, die Konfessionen genannt werden. So unterscheidet man z.B. die katholische von der evangelischen Konfession, die jedoch beide im christlichen Glauben und durch das gemeinsame Bekenntnis verbunden sind.

Koran
Das Heilige Buch der Muslime ist der Koran. Er beinhaltet das Wort Gottes, das er Muhammad offenbart hat und das nach seinem Tod niedergeschrieben wurde. Der Koran ist die Grundlage für Glauben und Leben der Muslime. Er umfasst 114 Kapitel (Suren) und 6236 Verse.

Krankensalbung
Das Sakrament der Krankensalbung kann empfangen werden (auch mehrfach), wenn man wegen Krankheit oder Altersschwäche in Lebensgefahr gerät. Wenn es möglich ist, sollte man vorher beichten.

Liturgie/liturgisch
(griech.: leitourgía = Dienst am Volke) Der Begriff bezeichnet Form und Inhalt der gottesdienstlichen Feier, festgelegt z.B. in den Messbüchern.

Monstranz
(lat.: monstrare = zeigen) Sie ist ein kostbares liturgisches Gefäß, in das eine konsekrierte, d.h. geweihte und gewandelte Hostie (Oblate, Leib Christi) eingesetzt ist. Die Monstranz wird den Menschen z.B. bei Prozessionen wie an Fronleichnam gezeigt.

Moschee
Gottesdienste, insbesondere das Freitagsgebet, feiern Muslime in der Moschee. Zentral ist darin der große Gebetsraum. In ihm befinden sich eine Gebetsnische, die die Richtung nach Mekka anzeigt, und eine Kanzel für die Predigt des Vorbeters (Imam). Männer und Frauen beten in getrennten Räumen. Vor dem Betreten des Gebetsraums führen die Gläubigen in einem Vorraum eine Waschung durch und ziehen ihre Schuhe aus. Meist haben Moscheen auch einen Turm, das sogenannte Minarett, von dem aus die Gläubigen in muslimischen Ländern zum Gebet gerufen werden. Daneben gibt es in der Regel weitere Räume für Veranstaltungen außerhalb des Gebets.

Ökumene
Es gibt verschiedene christliche Konfessionen bzw. Kirchen. Das Bemühen um Hervorhebung der Gemeinsamkeiten und um Einheit wird als Ökumene (griech.: oikoumene = auf den ganzen Erdkreis bezogen) bezeichnet.

Pilgern/Wallfahrt
Sich auf den Weg zu machen, um einen besonderen religiösen Ort aufzusuchen, hat eine lange Tradition, die schon aus dem Alten Testament herrührt und die Jesus selbst mit der Wallfahrt zum Tempel von Jerusalem pflegte. Pilgern (lat.: peregrinatio religiosa) kann als besonders intensive Form des Gebets gelten, weil es den Menschen als ganzen berührt. Es ist „Ge(h)-Bet".

Pogrom
Ein Pogrom (russ.: Verwüstung, Zerstörung) nennt man eine gewaltsame Ausschreitung gegen Menschen, die einer gesellschaftlich nicht akzeptierten Gruppe angehören.

Ramadan
Der Fastenmonat Ramadan ist der neunte Monat im islamischen Kalender. In dieser Zeit dürfen gläubige Muslime zwischen Sonnenaufgang und Sonnenuntergang nicht essen und trinken. Kranke, Schwangere und kleine Kinder sind von dieser Pflicht ausgenommen. Nach Sonnenuntergang endet das Fasten mit einem gemeinsamen Abendessen, dem Fastenbrechen. Zum Ende des Ramadan wird das Fest des Fastenbrechens gefeiert, das auch Zuckerfest genannt wird.

Reich Gottes
Das Reich Gottes steht im Zentrum der Botschaft Jesu. In einer Zeit, in der die Menschen viele Sorgen und Ängste plagen, entwirft er ein positives Gegenbild von Versöhnung, Frieden, Gemeinschaft und Zukunft. Im Rahmen seiner Verkündigung des endzeitlichen Heils betont Jesus, dass das Reich Gottes sowohl Geschenk als auch Aufgabe für den Menschen ist. Gott hat es also den Menschen geschenkt, der Mensch ist aber zur Mitarbeit aufgerufen, um die Botschaft vom Reich Gottes möglichst vielen erfahrbar zu machen.

Reliquie
Eine Reliquie (lat.: reliquiae = Zurückgelassenes, Überbleibsel) ist der irdische körperliche Überrest eines Heiligen. Es kann darüber hinaus auch ein Teil seiner Kleidung sein oder ein Gegenstand, der mit dem Heiligen in Berührung stand und eine besondere Bedeutung für ihn hatte.

Sakrament
Sakramente sind sichtbare Zeichen einer unsichtbaren Wirklichkeit: Jesus Christus ist das Zeichen, in dem Christen die Sorge Gottes für die Menschen erkennen und erfahren; er ist das „Ursakrament". Die Kirche als die vom Heiligen Geist geeinte Gemeinschaft der Gläubigen ist für die Welt das bleibende Zeichen der Nähe und Liebe Gottes und wird deshalb auch als Grundsakrament bezeichnet. In den einzelnen Sakramenten entfaltet sich das sakramentale Wesen der Kirche in den konkreten Situationen des menschlichen Lebens. Christus begegnet in den Sakramenten den Menschen und schenkt ihnen sein Heil. Die katholische Kirche kennt sieben Sakramente: Taufe, Firmung, Eucharistie, Buße/Versöhnung, Ehe, Weihe (Diakonen-, Priester- und Bischofsweihe) und Krankensalbung.

Sakramentalien
Sakramentalien sind von der Kirche eingesetzte heilige Zeichen, durch die bestimmte Lebensumstände zu Gott in Beziehung gesetzt werden. Im Zentrum steht ein Gebet, das vom Kreuzzeichen und anderen Zeichen begleitet wird. Sie sind Lobpreisungen Gottes und Gebete um seine Gaben sowie Weihen von Personen und Weihen von Gegenständen für den Gottesdienst.

Scharia
Die Scharia (arab.: den Weg weisen/vorschreiben) umfasst alle Quellen und Überlieferungen, die sich mit den Rechtsvorschriften, Gesetzen und Normen des Islam beschäftigen. Dazu gehören im Wesentlichen entsprechende Stellen aus dem Koran und den Hadithen. Aus diesen Grundlagen leiten sich sämtliche Gebote und Vorschriften für alle Lebensbereiche ab.

Selbstbild/Fremdbild
Wenn man von sich selbst spricht oder andere über einen sprechen, werden einem bestimmte Eigenschaften zugeschrieben. Es geht dabei nicht um das äußere Erscheinungsbild, sondern um die inneren Werte und das Verhalten. Spricht man von sich selbst, bezeichnet man dies als Selbstbild, bei der Beschreibung eines anderen entsteht ein Fremdbild. Diese Einschätzungen stimmen nicht immer überein, sodass es interessant sein kann, sein Selbstbild mit dem Fremdbild zu vergleichen.

Symbol
Symbole haben zwei Seiten: die eine, die man mit allen Sinnen wahrnehmen und beschreiben kann, und einen „Hinter-Sinn", der hinter den Gegenständen, hinter den Gesten, hinter den Handlungen, auch hinter Farben und sogar Zahlen als deren tieferer und eigentlicher Sinn liegt (griech. „etwas Zusammengefügtes"). Dieser Sinn ist meist mehrschichtig, betrifft den Menschen in seinen Gefühlen, regt zum Verstehen und Nachdenken an und kann oft auch Gemeinschaft stiften. Wir unterscheiden: Dingsymbole (z. B. Ehering), Handlungssymbole (z. B. Umarmung) und Sprachsymbole oder Metaphern. Symbole sind mehrdeutig und Sinn stiftend, man könnte auch sagen „sinn-voll".

Synoptische Evangelien
Unter den drei synoptischen Evangelien versteht man die Evangelien von Markus, Matthäus und Lukas, die wohl auch in dieser Reihenfolge entstanden sind. Diese drei Evangelien weisen große Gemeinsamkeiten, ja sogar wörtliche Übereinstimmungen auf, sodass man sie nebeneinander in einer Synopse (griech.: Zusammenschau) abdrucken und gut vergleichen kann, woher auch die Bezeichnung synoptische Evangelien kommt. Die synoptische Frage sucht nach einer Erklärung für die Gemeinsamkeiten, aber auch Unterschiede zwischen den Evangelien und wird durch die Zwei-Quellen-Theorie beantwortet. Zu den Synoptikern Markus, Matthäus und Lukas zählt nicht Johannes, der völlig unabhängig arbeitete.

Tabernakel
In Anlehnung an die alttestamentliche Bundeslade bildete sich in der Katholischen Kirche der Tabernakel (lat.: tabernaculum = Hütte, Zelt) als kostbar hervorgehobener Ort für die Aufbewahrung des Allerheiligsten (Christus in Gestalt des Brotes) heraus.

Taufe
Durch das Sakrament der Taufe (griech.: baptizein = ein-/untertauchen) wird der Täufling in die Sünden vergebende und Leben spendende Gemeinschaft mit dem dreifaltigen Gott (Vater, Sohn und Heiliger Geist) aufgenommen und damit in die Gemeinschaft der Kirche als Volk Gottes eingegliedert.

Vorbild
Vorbilder sind Personen, die ihr Leben so beispielhaft – also vorbildlich – gestalten, dass es ein Ansporn ist, sich im eigenen Leben und Handeln daran zu orientieren. Vorbildern gegenüber empfindet man also aufgrund ihrer Leistung oder Lebenseinstellung großen Respekt und sucht deshalb nach Möglichkeiten, das eigene Verhalten daran auszurichten. Man übt zum Beispiel ohne Aufforderung mehr am eigenen Instrument, setzt sich aktiv für den Umweltschutz ein oder hilft unaufgefordert benachteiligten Menschen im eigenen Umfeld.

Weihe
Die Weihe (Ordination) ist die sakramentale Einsetzung in das Amt des Diakons, Priesters und Bischofs durch Handauflegung und Weihegebet und die damit verbundene Bevollmächtigung in der Kraft des Heiligen Geistes.

Zeichen
Zeichen stehen für etwas Bezeichnetes. Sie sind in einer bestimmten Kultur immer eindeutig und werden von allen gleich verstanden.

Zwei-Quellen-Theorie
Diese Theorie ist eine Antwort auf die sogenannte synoptische Frage, die eine Erklärung zu finden versucht für die großen Gemeinsamkeiten und gleichzeitig großen Unterschiede zwischen den Evangelien von Matthäus, Markus und Lukas. Sie geht davon aus, dass das Markusevangelium als Vorlage für Matthäus und Lukas gedient hat, sie aber darüber hinaus noch eine weitere Quelle unabhängig voneinander benutzt haben. Da diese weitere Quelle v.a. Aussprüche Jesu enthält, nennt man sie auch Logienquelle Q (griech.: logion = Spruch). Q ist heute verloren, ihr Mindestbestand lässt sich aber aus den Übereinstimmungen von Matthäus und Lukas rekonstruieren, die über Markus hinausgehen. Wegen der zwei Quellen Mk und Q spricht man insgesamt von der Zwei-Quellen-Theorie.

Bildquellennachweis

Umschlag Sr. Georgia Andrezejewski, Neues Leben, © ars liturgica Klosterverlag Maria Laach, Nr. 4406, www.klosterverlag-maria-laach.de; **2.1** stock.adobe.com (grafikplusfoto), Dublin; **2.2** stock.adobe.com (t0m15), Dublin; **2.3** akg-images (André Held), Berlin; **3.1** Alamy stock photo (The History Collection), Abingdon; **3.2** 123rf Germany, c/o Inmagine GmbH (Ramzi Hachicho), Nidderau; **5** stock.adobe.com (grafikplusfoto), Dublin; **6.1** stock.adobe.com (sester1848), Dublin; **6.2** stock.adobe.com (esoxx), Dublin; **6.3** stock.adobe.com (antkevyv), Dublin; **6.4** stock.adobe.com (smarques27), Dublin; **6.5** ddp images GmbH, Jadis, Hamburg [Filmbild aus: Max Minsky und ich, Regie: Anna Justice, Buch: Holly-Jane Rahlens mit Zoe Moore, Emil Reinke u.a.]; **10.1** ddp images GmbH, Jadis, Hamburg [Filmbild aus: Max Minsky und ich, Regie: Anna Justice, Buch: Holly-Jane Rahlens mit Zoe Moore, Emil Reinke u.a.]; **12.1** ddp images GmbH, Jadis, Hamburg [Filmbild aus: Max Minsky und ich, Regie: Anna Justice, Buch: Holly-Jane Rahlens mit Zoe Moore, Emil Reinke u.a.]; **16.1** ddp images GmbH, Jadis, Hamburg [Filmbild aus: Max Minsky und ich, Regie: Anna Justice, Buch: Holly-Jane Rahlens mit Zoe Moore, Emil Reinke u.a.]; **17.1** stock.adobe.com (Romolo Tavani), Dublin; **19.1** Kranenberg, Hendrik, Drolshagen; **19.2** Kranenberg, Hendrik, Drolshagen; **20.1** ddp images GmbH, Jadis, Hamburg [Filmbild aus: Max Minsky und ich, Regie: Anna Justice, Buch: Holly-Jane Rahlens mit Zoe Moore, Emil Reinke u.a.]; **21.1** Alamy stock photo (Alamy Live News / Jenny Matthews), Abingdon; **23.1** stock.adobe.com (deftrender), Dublin; **23.2** Kranenberg, Hendrik, Drolshagen; **23.3** stock.adobe.com (deftrender), Dublin; **25.1** Sieger Köder, Rose und Labyrinth (c) Sieger Köder-Stiftung Kunst und Bibel, Ellwangen; **26.1** stock.adobe.com (Sergey Nivens), Dublin; **27.1** (c) KNA-Bild (Agenzia Romano Siciliani / Osservatore Romano), Bonn; **28.1** ddp images GmbH, Jadis, Hamburg [Filmbild aus: Max Minsky und ich, Regie: Anna Justice, Buch: Holly-Jane Rahlens mit Zoe Moore, Emil Reinke u.a.]; **29.1** Fotolia.com (Edyta Pawlowska), New York; **30.1** Katrin Flexeder-Asen, Windorf; **31.1** stock.adobe.com (t0m15), Dublin; **32.1** stock.adobe.com (taonga), Dublin; **32.2** stock.adobe.com (Djordje Korovljevic), Dublin; **32.3** stock.adobe.com (pusteflower9024), Dublin; **32.4** stock.adobe.com (rakop_ton), Dublin; **32.5** stock.adobe.com (fesenko), Dublin; **32.6** stock.adobe.com (Petra Homeier), Dublin; **33.1** ShutterStock.com RF (Dariush M), New York, NY; **33.2** stock.adobe.com (olezzo), Dublin; **33.3** stock.adobe.com (alarsonphoto), Dublin; **33.4** stock.adobe.com (GordonGrand), Dublin; **33.5** akg-images (euroluftbild.de / Gerhard Launer), Berlin; **34.1** stock.adobe.com (wittayayut), Dublin; **34.2** Kranenberg, Hendrik, Drolshagen; **35.1** stock.adobe.com (rakop_ton), Dublin; **35.2** stock.adobe.com (Maxim_Kazmin), Dublin; **36.1** stock.adobe.com (Petra Homeier), Dublin; **36.2** stock.adobe.com (fotomowo), Dublin; **37.1** stock.adobe.com (pusteflower9024), Dublin; **37.2** stock.adobe.com (alarsonphoto), Dublin; **38.1** akg-images (euroluftbild.de / Gerhard Launer), Berlin; **39.1** Picture-Alliance (dpa / Daniel Karmann), Frankfurt; **39.2** Alamy stock photo (age fotostock / Peter Eberts Agentur), Abingdon; **39.3** akg-images (Bildarchiv Monheim), Berlin; **39.4** Picture-Alliance (Bildarchiv Monheim), Frankfurt; **40.1** Markus Hauck (POW), Würzburg (c) Georg-Meistermann-Nachlassverwaltung , Dr. J. M. Calleen / VG Bild-Kunst, Bonn 2018 [Georg Meistermann: Glasfenster Fisch, Würzburger Dom]; **41.1** stock.adobe.com (josef rapek), Dublin; **41.2** ShutterStock.com RF (Dariush M), New York, NY; **41.3** 123rf Germany, c/o Inmagine GmbH (Alfredo Ricardo Casco), Nidderau; **41.4** stock.adobe.com (Coprid), Dublin; **41.5** ShutterStock.com RF (AlexLMX), New York, NY; **41.6** ShutterStock.com RF (Choen photo), New York, NY; **42.1** stock.adobe.com (Djordje Korovljevic), Dublin; **43.1** imago images (epd), Berlin; **43.2** stock.adobe.com (Kadmy), Dublin; **44** stock.adobe.com (component), Dublin; **45** stock.adobe.com (component), Dublin; **46.1** ShutterStock.com RF (Bernardo Ramonfaur), New York, NY; **46.2** Wolters, Dorothee, Köln; **47.1** ShutterStock.com RF (Bart Sadowski), New York, NY; **47.2** 123rf Germany, c/o Inmagine GmbH (Zvonimir Atletic), Nidderau; **47.3** (c) KNA-Bild (Harald Oppitz), Bonn; **49.1** stock.adobe.com (GordonGrand), Dublin; **49.2** akg-images (Dieter E. Hoppe), Berlin; **50.1** Fundació Gala-Salvador Dalí (c) Salvador Dalí, Fundació Gala-Salvador Dalí / VG Bild-Kunst, Bonn 2018 [Die Einsetzung der Eucharistie, 1965]; **51.1** stock.adobe.com (wip-studio), Dublin; **52.1** stock.adobe.com (fesenko), Dublin; **53.1** (c) KNA-Bild (Harald Oppitz), Bonn; **55.1** stock.adobe.com (lienchen020_2), Dublin; **55.2** stock.adobe.com (Hans-Jörg Nisch), Dublin; **56.1** stock.adobe.com (olezzo), Dublin; **56.2** stock.adobe.com (denisismagilov), Dublin; **57** akg-images (André Held), Berlin; **58.1** stock.adobe.com (philllbg), Dublin; **58.2** akg-images, Berlin; **59.1** stock.adobe.com (timboosch), Dublin; **60** stock.adobe.com (Andrey Kuzmin), Dublin; **61.1** Berg, Maja, Berlin; **62** stock.adobe.com (Alexander Limbach), Dublin; **63** stock.adobe.com (Alexander Limbach), Dublin; **64.1** akg-images (André Held), Berlin; **67.1** stock.adobe.com (detailblick-foto), Dublin; **69.1** "Das Mahl" aus dem Misereor-Hungertuch "Hoffnung den Ausgegrenzten" von Sieger Köder © MVG Medienproduktion, 1996; **70.1** stock.adobe.com (picsfive), Dublin; **71.1** stock.adobe.com (Andrey Kuzmin), Dublin; **73.1** Getty Images Plus (Dorling Kindersley), München; **74.1** akg-images, Berlin; **76.1** akg-images (Rabatti & Domingie), Berlin; **76.2** akg-images (Rabatti & Domingie), Berlin; **77.1** akg-images (Rabatti & Domingie), Berlin; **77.2** akg-images (Rabatti & Domingie), Berlin; **79.1** Klett-Archiv, Stuttgart; **82.1** akg-images (Bildarchiv Steffens), Berlin; **83** Alamy stock photo (The History Collection), Abingdon; **84.1** Arnold & Domnick GbR, Leipzig; **85.1** Museen der Stadt Regensburg – Historisches Museum; **87.1** akg-images, Berlin; **88.1** stock.adobe.com (Moreno Soppelsa), Dublin; **89.1** akg-images (Gilles Mermet), Berlin; **90.1** Alamy stock photo (The History Collection), Abingdon; **91.1** Ingenieurbüro für Kartografie Dipl.-Ing. Joachim Zwick, Gießen; **92.1** akg-images (Museo del Prado), Berlin; **93.1** akg-images (Heritage-Images / CM Dixon), Berlin; **94.1** (c) KNA-Bild (Gerlinde Pfirsching), Bonn; **94.2** stock.adobe.com (nixki), Dublin; **95.1** Müller, Lutz-Erich, Leipzig; **98.1** akg-images (British Library), Berlin; **100.1** akg-images (Mondadori Portfolio / Antonio Quattrone), Berlin; **100.2** akg-images (Rabatti & Domingie), Berlin; **101.1** stock.adobe.com (Ilhan Balta), Dublin; **103.1** 123rf Germany, c/o Inmagine GmbH (Ramzi Hachicho), Nidderau; **104.1** Fotolia.com (Gelpi), New York; **105.1** ShutterStock.com RF (Odua Images), New York, NY; **105.2** 123rf Germany, c/o Inmagine GmbH (Jasmin Merdan), Nidderau; **107.1** Schülerarbeit; **108.1** Alamy stock photo (Cavan /Manca Juvan / Aurora Photos), Abingdon; **109.1** Alamy stock photo (Ufuk Uyanik), Abingdon; **109.2** ShutterStock.com RF (Gurer Sumer), New York, NY; **109.3** Picture-Alliance (dpa), Frankfurt; **112.1** AFP Agence France-Presse GmbH, Berlin; Quellen: Saudimedia, CDC, Maps4news.com; **113.1** Getty Images Plus (iStock / happy_lark), München; **114.1** Getty Images Plus (Godruma), München; **115.1** imago images (Sabine Joosten / Hollandse Hoogte), Berlin; **117.1** akg-images (Pictures From History), Berlin; **119.1** akg-images (Julian Kumar / Godong), Berlin; **120.1** Bridgemanimages.com (Luisa Ricciarini Leemage), Berlin; **121.1** Alamy stock photo (The Picture Art Collection), Abingdon; **124.1** Alamy stock photo (Christoph Lischetzki), Abingdon;

Textquellennachweis
8 Zitate von Sokrates zur Pubertät, unter: https://gutezitate.com/zitat/174923; **10** Holly-Jane Rahlens: Prinz William, Maximilian Moinsky und ich, übers. v. Ulrike Thiesmeyer, Reinbek: Rowohlt 2002, S. 40; S. 48; **11** Holly-Jane Rahlens: Prinz William, Maximilian Moinsky und ich, übers. v. Ulrike Thiesmeyer, Reinbek: Rowohlt 2002, S.104; 126/127; 120; **12_13** Holly-Jane Rahlens: Prinz William, Maximilian Moinsky und ich, übers. v. Ulrike Thiesmeyer, Reinbek: Rowohlt 2002, S. 28/29; 99/100; **13** Sportfreunde Stiller: Hymne auf dich: Text+Musik: Brugger, Peter Stephan / Linhof, Rüdiger / Weber, Florian © Sportfreunde Edition bei Arabella Musikverlag GmbH, Berlin; **14_15** Holly-Jane Rahlens: Prinz William, Maximilian Moinsky und ich, übers. v. Ulrike Thiesmeyer, Reinbek: Rowohlt 2002, S.85/86; 94/95; **16** Holly-Jane Rahlens: Prinz William, Maximilian Moinsky und ich, übers. v. Ulrike Thiesmeyer, Reinbek: Rowohlt 2002, S. 68; 127; **18** Holly-Jane Rahlens: Prinz William, Maximilian Moinsky und ich, übers. v. Ulrike Thiesmeyer, Reinbek: Rowohlt 2002, S. 42-45; **20_21** Holly-Jane Rahlens: Prinz William, Maximilian Minsky und ich, übers. v. Ulrike Thiesmeyer, Rowohlt Verlag Reinbek 2002, S. 90/91; **21** Die Bibel. Einheitsübersetzung der Heiligen Schrift, vollständig durchgesehene und überarbeitete Ausgabe © 2016 Katholische Bibelanstalt, Stuttgart; **22** Holly-Jane Rahlens: Prinz William, Maximilian Moinsky und ich, übers. v. Ulrike Thiesmeyer, Reinbek: Rowohlt 2002, S.208/209; **24.M1** Antoine de Saint-Exupéry, Die Stadt in der Wüste, übers. v. Oswalt von Nostitz, Karl Rauch Verlag GmbH 1959, Kap. 75; **24_25.M2** Holly-Jane Rahlens: Prinz William, Maximilian Moinsky und ich, übers. v. Ulrike Thiesmeyer, Reinbek: Rowohlt 2002, S.46-48; **25** Theo Schmidkonz, unter: https://www.versacrum.de/rose-und-labyrinth-p-522.html?cPath=21_37; **28** Gundula Kühneweg (Hrsg.), Herders großes Buch der Gebete, Hrsg. Gundula Kühneweg, 480 Seiten, gebunden, Verlag Herder GmbH, Freiburg 2009, auch unter: https://www.katholisch.de/glaube/unsere-gebete/gebete-fur-jeden-tag; **29.M3** Anke Maggauer-Kirsche, unter: https://www.aphorismen.de/gedicht/211541; **29.M4** Antje S. Naegeli, in: Gundula Kühneweg (Hrsg.), Herders großes Buch der Gebete, Hrsg. Gundula Kühneweg, 480 Seiten, gebunden, Verlag Herder GmbH, Freiburg 2009, auch unter: https://www.katholisch.de/glaube/unsere-gebete/gebete-fur-jeden-tag; **35.M6** Die Bibel. Einheitsübersetzung der Heiligen Schrift, vollständig durchgesehene und überarbeitete Ausgabe © 2016 Katholische Bibelanstalt, Stuttgart; **36** Sido: Tausend Tattoos. Album. Kronjuwelen, Text: Paul Würdig © Goldzweig Berlin GmbH/Sony/ATV Music Publishing (Germany) GmbH, Berlin
Edition Djorkaeff Beatzarre/Fisherman Songs GmbH/Budde Music Publishing GmbH; **37.M5** Manfred Lurker, Artikel »Symbol«, in: Wörterbuch der Symbolik. Unter Mitarbeit zahlreicher Fachwissenschaftler, herausgegeben von Manfred Lurker. Fünfte, durchgesehene und erweiterte Auflage. Stuttgart: Alfred Kröner Verlag, 1991, S. 719-720. (= Kröners Taschenausgabe Band 464).; **37.M6** Hadumod Bußmann: Lexikon der Sprachwissenschaft, Alfred Kröner Verlag, Stuttgart 2008, S. 806 und 276.; **40** dpa-Meldung: Lehrerin trägt statt Kreuz anderes christliches Symbol, v. 16.05.2017 © dpa Deutsche Presse-Agentur GmbH; **40.M3** Friedhelm Hofmann: Verwandeltes Licht. Die Meistermannfenster in der Würzburger Dom-Sepultur, Echter Verlag, Würzburg 2013, S. 48 (2. Fenster – Epiphanie).; **41.M4** Manfred Eder: Kirchengeschichte. 2000 Jahre im Überblick, Düsseldorf: Patmos 2008, S. 47.; **42** Margaret Fishback Powers: Spuren im Sand, übers. von Eva-Maria Busch, Brunnen Verlag Gießen 1996; **43.M3** Karl Veitschegger, Information der Erzdiözese Wien zu den Sakramenten, unter: https://www.erzdioezese-wien.at/site/glaubenfeiern/christ/oekumene/article/58093.html, unter „Was uns wirklich (noch) trennt" Abschnitt 5; **43.M5** Information der Evangelischen Kirche Deutschlands zum Abendmahl, unter: https://www.ekd.de/Abendmahl-11028.htm; **43.M7** Stephan Sigg, Katholisch. Evangelisch. Orthodox. Die großen christlichen Konfessionen im Vergleich – Materialen für den Religionsunterricht, Auer Verlag, Donauwörth 2015, S. 45 und 52; **43.M8** Arbeitsgemeinschaft Christlicher Kirchen in Deutschland (Hrsg.) Gemeinsamer Weg – Gedanken aus der Charta oecumenica, März 2013, Druckerei Lanzinger, Oberbergkirchen, unter: https://www.oekumene-ack.de/fileadmin/user_upload/Charta_Oecumenica/Gemeinsamer_Weg_mit_der_Charta_Oecumenica.pdf, Kap 1, Seite 10; **49.M2** Die Bibel. Einheitsübersetzung der Heiligen Schrift, vollständig durchgesehene und überarbeitete Ausgabe © 2016 Katholische Bibelanstalt, Stuttgart; **49.M5** Youcat, Nr. 171. Was ist das Wesentliche jeder Liturgie? In: Österreichische Bischofskonferenz (Hrsg.): Youcat. Jugendkatechismus der Katholischen Kirche, Pattloch, München 2010, S. 105; **50** Herbert Specht: Bilder zur Bibel. Salvador Dali. Katalog zur Wanderausstellung, hrsg. u. komm. v. Alfred Läpple, Aschaffenburg: Pattloch 1973, S. 49.; **51** Zitiert nach: Youcat, Nr. 523/ 2010, IN: Österreichische Bischofskonferenz (Hrsg.): Youcat. Jugendkatechismus der Katholischen Kirche, Pattloch, München 2010, S. 285f.; **51.M4** Youcat, Nr. 523, In: Österreichische Bischofskonferenz (Hrsg.): Youcat. Jugendkatechismus der Katholischen Kirche, Pattloch, München 2010, S. 285f.; **51.M5** Die Bibel. Einheitsübersetzung der Heiligen Schrift, vollständig durchgesehene und überarbeitete Ausgabe © 2016 Katholische Bibelanstalt, Stuttgart; **51.M6** Ilse Gretenkord: Die Sakramente. Motivierende Zugänge für den Religionsunterricht. Mit Kopiervorlagen, Auer Verlag, Donauwörth 2015, S. 30.; **51.M8** Youcat, Nr. 523, In: Österreichische Bischofskonferenz (Hrsg.): Youcat. Jugendkatechismus der Katholischen Kirche, Pattloch, München 2010, S. 285f.; **53** Niklas Wagner: Nachgefragt. Interview mit Bischof Dr. Stefan Oster SDB, in: Bonifatiuswerk der deutschen Katholiken (Hrsg.): Abenteuer. Glauben. Leben. Firmung 2018 (Begleitheft), S. 20f.; **53** Wieso, weshalb, warum?, unter: http://www.firmung-muenster.de/firmung/fuer-firmlinge/wieso-weshalb-warum; **53** (mnu), Chrisamöl auf der Stirn, v. 01.08.2013, unter: http://www.katholisch.de/glaube/unser-glaube/chrisamol-auf-der-stirn; **54** (Erz-)Bischöfe Deutschlands und Österreichs und der Bischof von Bozen-Brixen (Hrsg.), Gotteslob. Katholisches Gebet- und Gesangbuch (Ausgabe für die Diözese Regensburg), Katholische Bibelanstalt, Stuttgart 2013, Nr. 578 - 579; **55.M3** Niklas Wagner: Nachgefragt. Interview mit Bischof Dr. Stefan Oster SDB, in: Bonifatiuswerk der deutschen Katholiken (Hrsg.): Abenteuer. Glauben. Leben. Firmung 2018 (Begleitheft), S. 20f.; **55.M7** „Ich war stolz und peinlich berührt zugleich." (Max 2010), unter: http://jugendweihe-berlin-brandenburg.de/erfahrungsberichte/; **55.M8** Juliane Schiemenz, Jugendweihe: Schritt nach vorn?, in: Die Zeit im Osten Nr. 23/2011 (01.06.11), auch unter: https://www.zeit.de/2011/23/S-Jugendweihe; **58.1** http://www.antike-exkursion.de/asia/asia_band/asia_teil2.pdf (Übersetzung stammt vom Autor Hr. Lutz); **59** Die Bibel. Einheitsübersetzung der Heiligen Schrift, vollständig durchgesehene und überarbeitete Ausgabe © 2016 Katholische Bibelanstalt, Stuttgart; **59.2** Flavius Josephus, Jüdischer Krieg, übers. v. Philipp Kohout, Linz: Quirin Haslingers Verlag 1901, unter: https://de.wikisource.org/wiki/Juedischer_Krieg/Buch_IV_8-11 (618ff); **60** Eusebius, Ausgewählte Schriften Band II: Kirchengeschichte. Aus dem Griechischen übersetzt von Philipp Häuser. (Bibliothek der Kirchenväter, 2. Reihe,

Band 1) München 1932, unter: https://www.unifr.ch/bkv/kapitel49-38.htm, bearb. v. Uwe Holtmann; **60** Eusebius, Ausgewählte Schriften Band II: Kirchengeschichte. Aus dem Griechischen übersetzt von Philipp Häuser. (Bibliothek der Kirchenväter, 2. Reihe, Band 1) München 1932, unter: https://www.unifr.ch/bkv/kapitel49-38.htm, bearb. v. Uwe Holtmann; **65** Die Bibel. Einheitsübersetzung der Heiligen Schrift, vollständig durchgesehene und überarbeitete Ausgabe © 2016 Katholische Bibelanstalt, Stuttgart; **66.1** Die Bibel. Einheitsübersetzung der Heiligen Schrift, vollständig durchgesehene und überarbeitete Ausgabe © 2016 Katholische Bibelanstalt, Stuttgart; **66.2** Die Bibel. Einheitsübersetzung der Heiligen Schrift, vollständig durchgesehene und überarbeitete Ausgabe © 2016 Katholische Bibelanstalt, Stuttgart; **66.3** Die Bibel. Einheitsübersetzung der Heiligen Schrift, vollständig durchgesehene und überarbeitete Ausgabe © 2016 Katholische Bibelanstalt, Stuttgart; **66.4** Die Bibel. Einheitsübersetzung der Heiligen Schrift, vollständig durchgesehene und überarbeitete Ausgabe © 2016 Katholische Bibelanstalt, Stuttgart; **67.1** Die Bibel. Einheitsübersetzung der Heiligen Schrift, vollständig durchgesehene und überarbeitete Ausgabe © 2016 Katholische Bibelanstalt, Stuttgart; **67.2** Die Bibel. Einheitsübersetzung der Heiligen Schrift, vollständig durchgesehene und überarbeitete Ausgabe © 2016 Katholische Bibelanstalt, Stuttgart; **68.1** Die Bibel. Einheitsübersetzung der Heiligen Schrift, vollständig durchgesehene und überarbeitete Ausgabe © 2016 Katholische Bibelanstalt, Stuttgart; **68_69.2** Die Bibel. Einheitsübersetzung der Heiligen Schrift, vollständig durchgesehene und überarbeitete Ausgabe © 2016 Katholische Bibelanstalt, Stuttgart; **70** Die Bibel. Einheitsübersetzung der Heiligen Schrift, vollständig durchgesehene und überarbeitete Ausgabe © 2016 Katholische Bibelanstalt, Stuttgart; **71** Historien IV, 81, deutsche Übersetzung: Cornelius Tacitus' Werke 2, mit einer Einleitung und nach der Übersetzung von Wilhelm Bötticher (Collection Spemann) Stuttgart o.J., 218f. (zitiert nach: https://www.uni-siegen.de/phil/kaththeo/antiketexte/wunder/23.html); **72_73** Licht aus, Spot an! Die Schauplätze des Markusevangeliums. In: Katholisches Bibelwerk Stuttgart (Hrsg.). Bibel heute 28/2002, S. 40ff.; **75** Die Bibel. Einheitsübersetzung der Heiligen Schrift, vollständig durchgesehene und überarbeitete Ausgabe © 2016 Katholische Bibelanstalt, Stuttgart; **76.1** Schmid, Josef: Synopse der drei ersten Evangelien. Mit Beifügung der Johannes Parallelen. 11. Aufl. Regensburg: Friedrich Pustet 1997.; **76.2** Schmid, Josef: Synopse der drei ersten Evangelien. Mit Beifügung der Johannes Parallelen. 11. Aufl. Regensburg: Friedrich Pustet 1997.; **77.1** Schmid, Josef: Synopse der drei ersten Evangelien. Mit Beifügung der Johannes Parallelen. 11. Aufl. Regensburg: Friedrich Pustet 1997.; **77.2** Schmid, Josef: Synopse der drei ersten Evangelien. Mit Beifügung der Johannes Parallelen. 11. Aufl. Regensburg: Friedrich Pustet 1997.; **78.1** Die Bibel. Einheitsübersetzung der Heiligen Schrift, vollständig durchgesehene und überarbeitete Ausgabe © 2016 Katholische Bibelanstalt, Stuttgart; **78.2** Die Bibel. Einheitsübersetzung der Heiligen Schrift, vollständig durchgesehene und überarbeitete Ausgabe © 2016 Katholische Bibelanstalt, Stuttgart; **78.3** Die Bibel. Einheitsübersetzung der Heiligen Schrift, vollständig durchgesehene und überarbeitete Ausgabe © 2016 Katholische Bibelanstalt, Stuttgart; **80_81** Naoura, Salah: Chris, der größte Retter aller Zeiten. Weinheim/Basel: Beltz, Gulliver 2017, Klappentext + S. 5-9.; **82** I can see clearly now: Text: Johnny Nash © Nashco Music Inc./CTM Publishing BV/ Imagem Music GmbH, Berlin; **85** Matthias Freitag, Lebensbeschreibung des Emmeram. Kleine Regensburger Stadtgeschichte, Pustet, Regensburg, 2004, S. 43; **86** Papst Gregor III Bonifatius, in: Gert Haendler, Die Rolle des Papsttums in der Kirchengeschichte bis 1200, Vandenhoeck und Ruprecht , Göttingen 1993. S.203; **86** Johannes Bühler, Das Frankenreich. Nach zeitgenössischen Quellen, Leipzig: Insel 1923, S. 416 f.; **87** Erzbischof Hans-Josef Becker, unter: https://www.bonifatiuswerk.de/ werk/hl-bonifatius/; **89** Alkuin, Aclvini epistolae Nr. 111, S. 160, zitiert nach: Lutz E. von Padberg, Christianisierung im Mittelalter, Wiss. Buchgesellschaft, Darmstadt 2006, S. 83; **91** Bernardino von Siena, in: Karl Hefele, Der hl. Bernhardin von Siena und die franziskanische Wanderpredigt in Italien während des XV. Jahrhunderts, Freiburg/Br. 1912, S. 258; **91** Hl. Hieronymus, zitiert nach: Maria E. Dorninger, PILGERREISEN IM MITTELALTER. Christliche Fernpilgerziele am Beispiel von Jerusalem und Santiago de Compostela, unter: https://www.uni-salzburg.at/fileadmin/oracle_file_imports/549750.PDF, S. 4; **92** Auszug aus der vita Antonii Kap. 7, Athanasius, Leben des heiligen Antonius, München 1917, Athanasius, Ausgewählte Schriften Band 2. Aus dem Griechischen übersetzt von Anton Stegmann und Hans Mertel. (Bibliothek der Kirchenväter, 1. Reihe, Band 31) München 1917.; **93** Die Bibel. Einheitsübersetzung der Heiligen Schrift, vollständig durchgesehene und überarbeitete Ausgabe © 2016 Katholische Bibelanstalt, Stuttgart; **96** Christopher Beschnitt (KNA) "Alle wollen Heimat, aber wenige wollen Heimat geben", v. 10.09.2017 © KNA, unter: https://www.katholisch.de/aktuelles/aktuelle-artikel/alle-wollen-heimat-aber-wenige-wollen-heimat-geben (Zugriff 24.7.19); **97** Kloster Andechs, Ein Tag im Benediktinerkloster Andechs © 2019, Abtei Sankt Bonifaz, unter: https:// andechs.de/kirche-amp-kloster/benediktiner/tagesablauf/; **97** Kloster Andechs, Benediktinische Spiritualität © 2019, Abtei Sankt Bonifaz, unter: https://www.sankt-bonifaz.de/abtei/benediktiner/benediktsregel-und-spiritualitaet/benediktinische-spiritualitaet/; **98** Gisbert Gemein, Joachim Cornelissen (Hrsg.): Kreuzzüge und Kreuzzugsgedanke in Mittelalter und Gegenwart. München, 1992, S. 44; **99** Papst Johannes Paul II., Allgemeines Gebet, Schuldbekenntnis und Vergebungsbitte beim Pontifikalgottesdienst am 12.03.2000 in St. Peter in Rom, unter: https://www.dbk.de/presse/aktuelles/meldung/ vergebungsbitte-von-papst-johannes-paul-ii/detail/; **99** Die Bibel. Einheitsübersetzung der Heiligen Schrift, vollständig durchgesehene und überarbeitete Ausgabe © 2016 Katholische Bibelanstalt, Stuttgart; **100** Thomas von Celano, Biografie des Franziskus, in: Thomas von Celano, Leben und Wunder des heiligen Franziskus von Assisi, übers. von Engelbert Grau, Dietrich-Coelde-Verlag Werl 1980, S. S. 233f; **102** Alexander Foitzik, Ein Gespräch mit Misereor-Hauptgeschäftsführer Pirmin Spiegel: : "Die Kirche bekommt ein anderes Gesicht", Herder Korrespondenz 67. Jahrgang (2013), Heft 11, S. 556-560, auch unter: https://www. herder-korrespondenz.de/kirche/papst-und-vatikan/ein-gespraech-mit-misereor-hauptgeschaeftsfuehrer-pirmin-spiegel-die-kirche-bekommt-ein-anderes-gesicht-auszug; **106** https://orientierung-m.de/wp-content/uploads/2015/12/ Islamf%C3%BChrerschein-47-Fragen-Orientdienst-2015.pdf.pdf; **111** Koran auf Deutsch online lesen, unter: http://www. koran-auf-deutsch.de/; **114** Sure 24,31, in: Der Koran. Übersetzung von Adel Theodor Khoury. Unter Mitwirkung von Muhammad Salim Abdullah. Mit einem Geleitwort von Inamullah Khan, Generalsekretär des Islamischen Weltkonkgresses. Gütersloh, 2. durchgesehene Auflage 1992; **115** Stefan Rink (2005), Kleidungsvorschriften im Islam, unter: https://www.remid.de/ informationsplattform-religion-kleidungsvorschriften-im-islam/; **116** Bill Warner, Die Sira. Das Leben Mohammeds, CSPI international, 2016, Brno, S. 23 / 52 / 55; **116** Koran auf Deutsch online lesen, unter: http://www.koran-auf-deutsch.de/; **118** Koran

auf Deutsch online lesen, unter: http://www.koran-auf-deutsch.de/; **119** Georg Kraus: Grundrisse zur Dogmatik Bd 1: Gott als Wirklichkeit. Josef Knecht Verlag, 1994; **119** Der Koran. Übersetzung von Adel Theodor Khoury. Unter Mitwirkung von Muhammad Salim Abdullah. Mit einem Geleitwort von Inamullah Khan, Generalsekretär des Islamischen Weltkonkgresses. Gütersloh, 2. durchgesehene Auflage 1992; **121** Lk1, 1-4. Einheitsübersetzung der Heiligen Schrift, vollständig durchgesehene und überarbeitete Ausgabe © 2016 Katholische Bibelanstalt, Stuttgart
Alle Rechte vorbehalten.; **122** Papst Franziskus: Nostra aetate, unter: http://www.vatican.va/archive/hist_councils/ii_vatican_council/documents/vat-ii_decl_19651028_nostra-aetate_ge.html

1. Auflage 1 5 4 3 2 1 | 24 23 22 21 20

Alle Drucke dieser Auflage sind unverändert und können im Unterricht nebeneinander verwendet werden.
Die letzte Zahl bezeichnet das Jahr des Druckes.

Herausgeberin/Herausgeber: Markus Birner, Dr. Claudia Leuser
Autorinnen und Autoren: Markus Birner, Franz Hertle, Katrin Flexeder-Asen, Thomas Lutz, Markus Schürzinger

Entstanden in Zusammenarbeit mit dem Projektteam des Verlages

Gestaltung: weissbunt, design und kontext, Berlin
Umschlaggestaltung: weissbunt, design und kontext, Berlin
Satz: Arnold & Domnick, Leipzig
Druck: DBM Druckhaus Berlin-Mitte GmbH, Berlin

Printed in Germany
ISBN 978-3-12-006887-7